MEMOIRES
POLITIQUES & MILITAIRES
POUR SERVIR à
L'HISTOIRE
DE NOTRE TEMS.

Nᵒ. I.

OPÉRATIONS DES ARMÉES IMPÉRIALES & DE LEURS HAUTS ALLIÉS EN 1759.

La Campagne de 1758. étant finie, chaque Puissance Belligérante travailla sérieusement pendant les Quartiers d'Hiver, à recrüter & completter ses Corps de Troupes, & à exciter de plus en plus l'émulation pour le service.

De tous les moyens que la Politique a fourni aux Souverains de récompenser le Militaire pour avoir exposé sa vie, épuisé ses biens & essuyé des fatigues de toutes espéces pendant le cours d'une pénible Campagne, il n'y en a pas de mieux imaginé & qui coûte moins que les Ordres dont on décore ceux à qui la Naissance & le Rang donnent l'espérance d'en être honorés. Mais de quel prix n'est pas cet honneur pour celui qui le donne & pour celui qui le reçoit

quand

quand il n'eft dû qu'au mérite? C'eft dans ce dernier point de vûe que dans un Chapitre tenu le 9. Janvier au Quartier-Général de Prague, auquel ont préfidé le Veld-Maréchal Comte de Daun en qualité de fecond Grand-Croix, & l'Empereur comme Grand-Maître, le Comte de Caroli Général-Major, & Mr. Calwels Major au Régiment de Vieux-Wolfenbuttel, Infanterie, ont été jugés dignes de l'Ordre Militaire de Marie-Thérèfe, & Sa Majefté Impériale leur a fait remettre auffi-tôt la Croix de l'Ordre par le Comte de Caunitz-Rittberg, Chancelier de Cour & d'Etat, en fa qualité de Chancelier de l'Ordre Militaire de Marie-Thérèfe.

Dès le 7. & 8. du mois de Décembre 1758. le Général Comte de Fermor avoit fait prendre fes quartiers d'Hiver dans la Ville de Könisberg à une partie de fes Troupes, & ce fut dans le cours de ce mois, que ce Général en Chef de l'Armée Ruffienne & Gouverneur Général du Royaume de Pruffe, reçut du Capitaine de Rofemberg dépêché de Petersbourg, le Cordon de l'Ordre de St. André, dont l'Impératrice l'a honoré auffi-bien que le Général de Broun en confidération de leurs grands fervices.

Le 15. du même mois le Roi de Pruffe arriva de Dresde à Breslau pour s'y délaffer de fes fatigues & prendre part aux divertiffemens que procurèrent fa préfence pendant l'hiver. Dès les 1ers jours de Janvier 1759. un Corps

con-

MEMOIRES

POLITIQUES & MILITAIRES

POUR SERVIR A'

L'HISTOIRE

DE NOTRE TEMS,

RECUEILLIS & PUBLIÉS

PAR MR. D. V****

OPERATIONS DES ARMÉES IMPERIALES, ET
DE LEURS HAUTS ALLIE'S EN 1759.

A FRANCFORT & LEIPZIG,

AUX DEPENS DE LA COMPAGNIE.

M DCC LX.

confidérable de Croates & de Pandures fe raffembla à Tefchen, qui n'eft qu'à 3. milles de Dresden, dans le deffein de former quelque entreprife à la faveur des glaces, pendant qu'il fortit de Zittau plufieurs gros Partis de Trouppes légères impériales qui fe firent voir jufqu'au delà de Stolpen s'étendant le long de la Chauffée qui conduit à Bautzen, de forte que la communication avec la Siléfie fe trouvant par ce moyen interrompue, les voitures publiques qui partent toutes les femaines de Dresde pour Breslau, furent obligées de faire un grand détour & de paffer par Berlin.

Quant aux affaires de la Poméranie, après que les Autrichiens eurent entièrement quitté la Saxe, Mr. le Général Comte de Dohna retourna avec fon Corps d'Armée contre les Suedois. Au-lieu de s'arrêter au paffage de la Peene & à la prife des Villes d'Anclam & de Demmin, ce Général marcha par le Mecklembourg vers la Trevel & droit à Stralfund, pour prendre l'Armée Suédoife à dos, pendant que le Lieutenant-Général de Manteuffel refta avec fon Corps de Trouppes fur la Peene.

Le 1. Janvier le Comte de Dohna paffa la Reknitz, & fit canonner la Ville de Damgarten. Après une réfiftance de quelques heures, le Commandant de cette Place & du Fort qui la couvre, fe rendit. Il obtint la liberté de fe retirer avec la Garnifon, à condition de ne point

fervir

fervir contre le Roi, ni contre fes Alliés pendant un an.   L'Artillerie, l'Ammunition, les Chevaux, & tout ce qui appartenoit à la Couronne de Suéde, eft refté aux Pruffiens.

Après la prife de Damgarten, l'Armée pourfuivit fa marche.   La Garnifon de Tribbefes & le fecours deftiné pour Damgarten fe retirèrent avec précipitation.   Cependant on fit encore onze Officiers & trois cens Soldats prifonniers fur les Suédois, parmi lesquels il y avoit 50. Cavaliers.   L'Armée Pruffienne avança toûjours à grand pas , & fe rendit maître des Villes de Richtenberg, de Grimme, & de Gripswalde; mais, malgré toute la diligence qu'elle fit, elle ne put atteindre l'Armée Suédoife, qui fe retira d'abord derrière un bras de la Trevel, & les Défilés, fitués devant Stralfund, fe tenant poftée dans les Villages de Brandshagen & Elmenhorft; Et, lorfqu'on fe prépara à l'attaquer dans ces endroits, elle fe retira encore plus loin fous le canon de Stralfund.

Pendant que le Comte de Dohna avançoit ainfi du côté de la Reknitz, le Lieutenant-Général de Manteuffel paffa également la Peene près de Stolpe, & fit un Officier, 2. Bas Officiers, & 34. Soldats prifonniers à cette occafion.   Le Général Major de Platen, à la tête d'un Efcadron de fon Régiment, prit encore 1. Capitaine, 5. Officiers, & 50. Dragons près de Schlatkow.   Tout ceci s'eft paffé fans que
les

les Pruſſiens ayent fait la moindre perte. On a trouvé des Magazins aſſez conſidérables à Gripswalde & à Grimme, & les Garniſons d'Anclam & de Demmin furent coupées.

.C'eſt ainſi que Mr. le Comte de Dohna eſt parvenu à reconquérir la plus grande partie de la Pomeraine Suédoiſe, en ſix jours de tems, & à obliger de nouveau une Armée, qui étoit ſupérieure à la ſienne en nombre, de chercher ſon ſalut ſous le canon d'une Fortereſſe.

Le Lieutenant-Général de Manteuffel ayant fait le Siége de Demmin, cette Place s'eſt renduë priſonnière de Guerre le 17. Janvier. Elle conſiſtoit en 1275. Hommes : ſçavoir 1. Colonel, 4. Majors, 10. Capitaines, 15. Lieutenans, Conducteurs & Ajudans; 29. Enſeignes & Cornettes, 6. Auditeurs, Aumôniers, & Chirurgiens-Majors, 11. Chirurgiens, 1. Fourrier, 1. Tambour-Major, 1. Commiſſaire des Vivres, 5. Sécrétaires, 2. Prévôts, 64. Bas-Officiers, 13. Tambours, 7. Chaſſeurs, 27. Huſſars, 118. Canonniers, 960. Soldats de différents Régimens : 22. Chevaux.

On a trouvé dans le Magazin 500. Boiſſeaux de Farine, 3224. d'Orge, 1800. d'Avoine, 1190. de Paille hachée, 500. Quintaux de Foin, 80. Tonneaux de Viande ſalée, & 56. Pièces de Lard.

L'Artillerie conſiſtoit en 24. Pièces : ſçavoir 4. Canons de fer de 12. livres de balle, 8. de

6. li-

6. livres, 1. de 3. livres, 4. Canons de fonte de 3. livres, & 7. Canons de fer de 2. livres.

On a de plus trouvé 106. Boulets de 12. livres, dont 40. à cartouches; 76. de 12. livres à cartouches, 210. de 6. livres avec leurs charges, 175. de 6. livres à cartouches, 460. de 3. livres avec leurs charges, 345. de 3. livres à cartouches, & 370. de 2. livres à cartouches: 50. Cartouches de 12. livres. En outre 32. Chariots de Bagage, 18. Chariots de Munitions; 4. Quintaux de Poudre; 15. Sacs de cuir, remplis de charges de Fusil; & 6. Caisses, remplies de charges.

Capitulation de la Garnison de Demmin.

I. Toute la Garnison sera prisonnière de Guerre, & sortira en armes, Tambour battant, Enseignes déployées, & Mêches allumées, avec quatre Pièces de campagne.

Rép. La Garnison, tant Officiers, que Bas-Officiers & Soldats & tous ceux qui y appartiennent, sera prisonnière de Sa Majesté. Elle sortira en armes, Tambour battant, & Enseignes déployées, mais posera les armes dans la place qui lui sera indiquée, & sera ensuite conduite dans l'endroit où elle doit faire son séjour. On laissera l'Epée aux Officiers. L'Artillerie & tout ce qui dépend de la Couronne de Suède resteront dans la Ville.

II. Les Bas-Officiers & les Soldats conserveront les Gages, qu'ils ont eu jusqu'à présent.

On

Rép. On leur donnera tous les cinq jours 8. Gros, & du Pain.

III. Les Déferteurs Pruffiens, s'il s'en trouve parmi les Soldats prifonniers, feront pardonnés & traités comme les autres Prifonniers.

Rép. Leur Pardon confiftera en ce qu'ils ne feront pas punis de mort.

IV. Aucun des Prifonniers ne fera forcé de prendre fervice parmi les Pruffiens.   *Accordé.*

V. Les Officiers & en général tous ceux qui appartiennent au militaire, les Aumôniers, les Médecins, les Bas-Officiers d'Artillerie partiront en fûreté avec leurs Domeftiques, Chevaux, Equipages, &c. & pourront fe rendre où bon leur femblera fans le moindre empêchement.

Rép. Les Officiers garderont l'Epée, & pourront aller à Stralfund, ou en Suède, fur leur parole d'honneur, & moyenant un revers, par lequel ils fe reconnoîtront Prifonniers de Sa Majefté, jufqu'à ce qu'ils foient rançonnés. Ils feront conduits pour cet effet par des Officiers Pruffiens jufqu'à Greiffswalde, d'où ils pourront fe rendre à Stralfund, ou en Suède, avec leurs Domeftiques, leurs Chevaux, & leur Equipage. Il en eft de même des autres Perfonnes attachées au Militaire par des fonctions civiles, des Aumôniers, & des Médecins: mais les Bas-Officiers d'Artillerie font Prifonniers de Guerre.   Ils con-

fer-

ferveront, ainfi que les Soldats, leur Uniforme & tout ce qui leur appartient en propre.

VI. On aura foin ici des Malades de la Garnifon, jufqu'à leur entière convalefcence.

Rép. On en aura autant de foin que des Malades Pruffiens.

VII. Les Magazins, l'Artillerie, & les Munitions refteront à la Couronne de Suéde, dans l'état où ils font à préfent. Il en fera de même des Chevaux & de tout le Bagage, qui fera tranfporté à Stralfund par chariots, que Mr. le Général Pruffien aura foin de procurer.

Rép. Les Magazins, l'Artillerie, & tout ce qui appartient à la Couronne de Suéde, refte à préfent à Sa Majefté le Roi de Pruffe; il faut en donner une Notice fidele, & on commandera des Officiers pour le recevoir.

VIII. Les Soldats, qui ont été congédiés à la dernière Revue, & qui fe trouvent encore à Demmin, feront libres.

Demmin, le 17. de janvier, 1759.

Rép. Les Suédois nationaux, qui ont été congédiés avant le Siége, & qui n'ont point fait de fervice depuis, feront libres, mais tous les autres demeurent Prifonniers.

Mr. le Colonel de Lilienberg, Commandant de la Place, fixera une heure, à laquelle il quitera la Porte d'Anclam, afin que les Troupes Pruffiennes puiffent l'occuper, la journée étant

étant déjà trop avancée pour que la Garnison puisse sortir aujourd'hui de la Ville.

Siedenbrunsow, le 17. de Janvier,
1759.

MEMOIRE *sur le troisième Article.*

III. On demande encore, que les Déserteurs Prussiens, qui pourront se trouver parmi les
Prisonniers, soient affranchis de toute punition.

Rép. On s'en tient à ce qu'on a déjà répondu à
cet Article ; ils ne seront point punis de mort.

Sur le cinquiéme Article.

V. Que les Officiers ayent la liberté de suivre, s'ils le veulent, les Soldats prisonniers dans
les endroits où ils seront détenus ; que les Bas-
Officiers d'Artillerie au-contraire soient libres,
moyenant la parole qu'ils donneront de ne point
servir pendant la Guerre contre le Roi de Prusse ; c'est ce qu'on demande en particulier à l'é-
gard des quatre Bas-Officiers, qui sont déjà dé-
signés Officiers.

Rép. Il dépendra des Officiers, lorsqu'ils auront
donné leur parole & leurs revers, de suivre, s'ils
le veulent, leurs Soldats, ou d'aller à Stralsund.

Si les quatre Bas-Officiers, ont déjà le rang
d'Officiers, ils pourront partir comme les autres sur leur parole, sinon ils resteront avec
les autres Bas-Officiers. S'il y en a parmi ces
quatre, qui soit Gentilhomme, on le relâ-
chera sur sa Parole.

On

On comprend parmi les Domeſtiques des Officiers tous ceux qui les ſervent.

Rép. Les Domeſtiques, gagés des Officiers, partiront avec eux ; mais ceux, qui ſont payés de la Couronne de Suéde, ſont Priſonniers.

Sur le ſeptiéme Article.

VII. Quatre Canons de fonte démeureront à la Suéde, & ſeront tranſportés à Stralſund.

Rép. Toute l'Artillerie & en général tout ce qui ſe trouvera à Demmin appartenir à la Suéde appartient à préſent à S. M. le Roi de Pruſſe.

Sur le huitiéme Article.

VIII. On évacuera après-demain à 10. heures la Porte d'Anclam, & on règlera pendant ce tems-là tous les Points de la Capitulation, & en particulier celui qui regarde les Magazins.

Rép. La Porte d'Anclam ſera remiſe demain matin aux Troupes Pruſſiennes ; mais, à l'exception du Capitaine qu'on y enverra pour cet effet avec une Garde, pour laquelle les deux Maiſons les plus voiſines de la Porte ſeront vuidées, les Pruſſiens n'entreront point dans la Ville, avant que les Troupes Suédoiſes en ſoient ſorties.

Les Hautsbois & les Muſiciens, ayant été gagés des Officiers, ſeront libres.

Rép. On permet aux Hautsbois du Régiment de Spens de chercher ſervice ailleurs, s'il eſt vrai qu'ils ont été gagés des Officiers.

On

On demande auffi du Fourage pour les Officiers, qui fuivront les Soldats prifonniers.

Demmin, le 17. de Janvier, 1759.

Rép. On donnera du Fourage aux Officiers jufqu'à ce qu'ils foient arrivés avec les Prifonniers à l'endroit de leur deftination, ou à Stralfund, fi c'eft-là qu'ils veulent aller.

Siedebrunfow, le 17. de Janvier,
1 7 5 9.

L'Alliance de la Grande Bretagne ayant procuré au Roy de Pruffe de puiffans fecours d'hommes & d'Argent pendant les Campagnes précédentes, ce Monarque toûjours attentif à fe précautionner contre les revers de la fortune, avoit prévu de bonne heure d'engager la Cour Britannique à continuer de l'aider, en lui faifant repréfenter, que, fe trouvant engagé dans une guerre onéreufe, il étoit dans la néceffité de faire de nouveaux efforts pour fe défendre contre le grand nombre d'Ennemis qui attaquoient fes Etats, & de prendre avec le Roi de la Grande Bretagne de nouvelles mefures pour leur défenfe & leur fûreté réciproques; & comme Sa Majefté Britannique a fait en même tems connoître combien elle defiroit de rendre l'amitié des deux Cours encore plus étroite & de conclure en conféquence une Convention formelle pour le fourniffement d'un promt & puiffant fecours à Sa Majefté Pruffienne; leurs dites

tes Majeſtés ont nommé & autoriſé leursMiniſtres reſpectifs à concerter & arrêter les Articles ſuivans, qui furent ſignés à Londres le 7. Décembre 1758.

I. Tous les Traités précédemment conclus entre les deux Cours, particulièrement celui de Weſtmunſter du 16. Janvier 1756. & la Convention du 11. Avril 1758. ſont confirmés, par la préſente Convention, dans toute leur teneur, & cenſés y être inſérés mot pour mot.

II. Le Roi de la Grande Bretagne fera remettre à Londres entre les mains de la Perſonne ou des Perſonnes, autoriſées à cet effet par le Roi de Pruſſe, la Somme de quatre Millions de Risdales, faiſant 670. mille Livres Sterling; & toute cette Somme ſera donnée en une ſeule fois, immédiatement après l'échanges des Ratications, à la réquiſition du Roi de Pruſſe.

III. Sa Majeſté Pruſſienne employera la dite Somme à l'entretien & à l'augmentation de ſes Armées, lesquelles agiront de la manière la plus convenable pour l'intérêt commun, & la plus propre à remplir l'objet de défenſe & de ſûreté réciproques.

IV. Le Roi de la Grande Bretagne, tant en ſa qualité de Roi, qu'en celle d'Electeur, & le Roi de Pruſſe s'obligent réciproquement de ne conclure avec les Puiſſances qui ont part à la Guerre préſente, aucun Traité de Paix, Trève, ou autres pareilles Conventions, que d'un commun avis &

con-

consentement, & en s'y comprenant expressement l'un & l'autre.

V. Les Ratifications de cette présente Convention seront échangées dans le terme de 6. semaines, ou plûtôt si faire se peut.

Le Roi de Prusse ayant jugé à propos de faire entrer quelques Troupes en Pologne pour y poursuivre ses Ennemis, Sa Majesté a fait publier à cette occasion le Manifeste suivant.

Nous FREDERIC, *par la Grace de Dieu, Roi de Prusse, &c. &c. &c. A la Sérénissime République de Pologne, aux Magnats & autres Habitans de ce Royaume, &c.*

Comme dans les circonstances présentes du tems, nous ne pouvons nous dispenser de faire entrer des Troupes dans le Royaume de Pologne, tout Homme impartial conviendra, que nous sommes pleinement autorisés d'user du même Droit, dont les Russiens se sont servis pour agir hostilement contre Nous. Cependant il y a en ceci cette grande différence à faire, que nous ne demandons rien au-delà d'un passage, qui ne doit être d'aucun préjudice, au-lieu que les Russiens ont chassé les Troupes & les Garnisons Polonoises, & qu'ils insistent sur la possession des Places les plus considérables, qui sont sous la protection de la Sérénissime République.

Comme Nous ne nous proposons en aucune façon de vous demander rien de paréil pour nos Troupes à leur entrée, à leur passage, & à leur
retour,

retour, ni de commettre la moindre hoſtilité envers aucun des Sujets de la Séréniſſime République, ſi ce n'eſt que Nous pourrions un peu faire
ſentir notre juſte indignation aux Adhérens déclarés des Ruſſiens, & qui comme Particuliers font
paroître toute animoſité contre Nous, & prennent
publiquement le parti de nos Ennemis : Nous déclarons par ces Patentes, de la manière la plus ſolemnelle, que Nous n'agirons en rien hoſtilement,
ni contre S. M. le Roi de Pologne, ni contre la Séréniſſime République ; mais qu'au-contraire,
Nous tâcherons toûjours de maintenir & de protéger de toutes nos Forces la République, ſes Vaſſaux, & ſes Sujets dans la pleine jouiſſance de leurs
Priviléges, Prérogatives, & Libertés, de les
convaincre ultérieurement de notre inviolable
déſintéreſſement, & de conſerver le lien de la plus
étroite amitié, tant en cette occaſion, qu'en toute autre : Réïtérant ici les aſſurances les plus ſacrées, que, par la préſente entrée de nos Troupes,
Nous n'avons aucune intention hoſtile contre la
Séréniſſime République ; mais que nous ne cherchons qu'à faire reculer nos Ennemis, & à mettre obſtacle à leurs vûes ennemies & pernicieuſes.

En foi dequoi Nous avons ſigné les Préſentes
de notre propre main, & y avons fait appoſer notre Sceau Royal.

Donné à *Breslau* le 2. Mars 1759.

(Etoit ſigné)   FREDERIC.

No. II.

MEMOIRES
POLITIQUES & MILITAIRES
POUR SERVIR à
L'HISTOIRE
DE NOTRE TEMS.

N°. II.

OPÉRATIONS DES ARMÉES IMPÉRIA-LES & DE LEURS HAUTS ALLIE'S, EN 1759.

Le Maréchal Comte de Daun qui s'étoit ren-du à Vienne pour régler avec la Cour le Plan de ses Opérations pour la prochaine Campagne, se disposa à l'ouvrir de bonne heure, & l'on vit dès le commencement de Mars plusieurs Régimens d'Infanterie & de Cavalerie ainsi que quelque Artillerie en mouvement, quoique les pluyes eussent rendus les chemins presque impraticables du côté de la Bohême. Dix-huit Régimens d'Infanterie & neuf de Cavalerie furent destinés au Cordon du côté de Königs-gratz, où se trouvoient les Généraux de Harsch, O-Donel & Sincère; celui que commandoit le Duc d'Aremberg à Zwickau, fut renforcé de sept Régimens d'Infanterie & six de Cavalerie. Le Général d'Anger qui étoit à Leobschutz eut

b

un

un Renfort de cinq Régimens d'Infanterie & trois de Cavalerie. Trois Régimens d'Infanterie & un de Cavallerie joignirent le Général Gemmingen vers Commotau, & on envoya sept Régimens d'Infanterie au Marquis de Ville en Moravie.

La mauvaise saison n'empêcha pas les Prussiens de se rassembler en force dans le courant de février, du côté de Naumbourg & de Weissenfels, avec un train considérable d'Artillerie. Leur avantgarde, consistant en six Bataillons, deux Régimens de Cavallerie, un gros de Hussars & douze piéces de grosse Artillerie, marcha droit sur Erfurth sous les Ordres du Général-Major de Knoblauch, & le 27. ce corps se présenta l'après midi devant cette Ville, après avoir délogé le 26. les postes avancés qui étoient du côté des Villages de Rhinausen & de Gispersleben, où les Prussiens firent prisonniers trois Officiers & soixante tant Hussars que Dragons.

Mr. de Knoblauch envoya d'abord le Colonel de Wunsch & le Major Olsnitz, Aide-de-Camp-Général, pour sommer la Place; mais le Comte de Guasco lui ayant répondu avec la fermeté convenable, l'Ennemi prit le parti de traiter avec lui. Comme la Ville n'est pas tenable, le Comte de Guasco s'y prêta pour la sauver des malheurs inséparables d'une attaque de vive force, & qui ne pouvoit qu'occasionner sa ruine totale. Ainsi, dès le soir-même la Con-

Convention fut réglée & fignée par les deux Généraux.   En voici la teneur.

Convention d'Erfurth, fignée le 27. Février 1759.

I. La Porte nommée Krampfer-Thor, fera dès aujourd'hui livrée aux Troupes Pruffiennes. *Bon.*

II. Elle ne fera cependant occupée que par un Officier & 30. Hommes.   *Bon.*

III. Les Troupes Pruffiennes ne pourront point entrer dans la Ville avant demain 8. heures du matin.   *Bon.*

IV. Il fera libre au Comte de Guafco de marcher avec fa Garnifon, Artillerie & Bagages par-tout où bon lui femblera : On comprend nommément dans ceci les Magazins appartenans à la Garnifon, & l'on fe réferve la liberté de pouvoir les vendre au befoin.   *Bon.*

V. Les Fortereffes Pétersbourg & Ciriacusberg refteront tranquilles auffi long-tems que les Troupes Pruffiennes demeureront hors de la portée du canon, tant du côté de la Ville, que du côté de la Campagne.   *Bon.*

VI. On laiffera toûjours librement paffer dans la Fortereffe tous les matériaux néceffaires pour les Ouvrages, ainfi que les Vivres pour la Garnifon, de quelque nom qu'ils puiffent être nommés.   *Bon.*

b 2   VII.

VII. Comme toutes ces conditions sont faites uniquement avec la réserve, que les Troupes Prussiennes ne commetront aucune hostilité, ni contre cette Ville, ni contre le Pays, Mr. le Général de Knoblauch déclarera expressément, qu'il ne sera fait aucune hostilité contre la Ville d'Erfurth, ni contre son Territoire, & que, par conséquent, il n'en sera exigé aucune Contribution.

Rép. Mr. le Lieutenant-Général de Knoblauch fera là-dessus une Convention particulière avec les Officiers civils du Pays.

VIII. Non seulement l'on permettra qu'on prenne soin des malades, qui sont obligés de rester; mais il leur sera toujours permis de pouvoir sortir librement. *Bon.*

IX. Cette Convention sera signée, & échangée par Mrs. les deux Généraux.

Erfurth, le 27. Février 1759.

(Etoit signé)   Comte de GUASCO.
G. L. v. KNOBLAUCH.

Mr. de Guasco après avoir mis dans les Châteaux de Pétersberg & de Ciriacus-Berg 4. Bataillons avec tout ce qui leur est nécessaire, sortit le 28. au matin de la Ville avec le reste des Troupes, l'Artillerie, les Munitions, & les Bagages, & marcha sur Arnstadt; &, après y

avoir

avoir raſſemblé le peu de monde qui cantonnoit dans ces environs, il ſe porta le 1. de Mars à Ilmenau, où il prit poſte de façon à pouvoir obſerver de tout côté les mouvemens ultérieurs des Ennemis.

Le 2. Mars le Lieutenant-Colonel Pruſſ. de Kleiſt marcha avec un Détachement de Huſſars jaunes vers Eiſenach & y ſurprit 124. hommes, parmi lesquels il y avoit 4. Officiers ; Les Partis qu'il détacha à Schmalkalden & Vacha lui en amenèrent encore 150. autres. Le 4. le Lieutenant-Colonel de Wunſch attaqua 300. hommes dans des Abatis que les Ennemis avoient fait près de Fravenwalde & qui étoient occupés par les Grenadiers de Thierheim. Il les chaſſa de ce Poſte, leur prit un Canon de 3. livres de balle & fit 27. priſonniers.

Malgré tous ces Avantages, l'expédition des Pruſſiens dans la Thuringe leur couta 1500. hommes, entre lesquels la Bataillon de Wunſch a le plus ſouffert, ayant été presque détruit ; & comme on les fit déloger d'Erfurth le 10., où ils étoient au nombre de 5100. hommes dont 200. Cuiraſſiers, 400. Dragons, 600. Huſſars, tant dans la Ville qu'aux environs, ils furent auſſi obligés de quitter Eiſenach & Gotha pour ſe retirer à Naumbourg en Saxe : avant que de ſortir d'Erfurth ils s'étoient aſſurés de l'Exécution de la Convention ſuivante.

I. Par ordre du Lieutenant-Général de Knobloch, Mr. de Fiefcha, Confeiller & Commiffaire de Guerre & Confeiller des Finances, délivrera aujourd'hui à la Caiffe militaire Pruffienne l'argent, qui eft dans les Caiffes de l'Electeur de Mayence.

Rép. Il fera enjoint au Payeur, qu'il le faffe.

II. La Ville & le Pays, non compris le Clergé, fourniront 200. mille Ecus, la moitié payable dans deux jours, & l'autre moitié dans 4. femaines, le tout en Louïs d'Or à 5. Ecus, ou en Ducats à 3. Ecus.

Rép. Ceci a été modéré à 100. mille Ecus, compris le peu d'argent, qui eft en Caiffe; un tiers de cette Somme, faifant 33333. Ecus 8. Gros, fe payera dans fix femaines, & les deux autres tiers de même; de forte qu'on évacuéra en 18. femaines, à compter de la préfente, l'entier payement des dits 100. mille Ecus, dont deux tiers feront payés en Louïs d'Or à raifon de 5. Ecus 8. Gros, & le refte en Carolines à raifon de 6. Ecus. 16. Gros.

III. Meffieurs de la Régence donneront deux Otages, à nommer par les Pruffiens, pour fureté du payement de la fufdite Somme.

Rép. On donnera pour Otages deux Membres de la Régence.

IV. On fournira dans l'efpace de 24. heures 120. Chariots, attelés chacun de 4. Chevaux

vaux, pourvus du Fourage néceffaire pour trois jours, pour s'en fervir lorfqu'on le jugera né-ceffaire, & qu'on les demandera.

Rép. L'on fournira 80. Chariots attelés de 4. Chevaux ou de 6. Bœufs, outre 60. autres Chevaux de trait harnachés, à condition que le tout foit enfuite renvoyé.

V. Les Magazins d'Avoine, & de Paille, qu'on a trouvés dans la Ville, reftent à la dif-pofition du Commiffaire Pruffien.   Les Régi-mens auront gratis la fubfiftance en manger & boire, fuivant qu'il a été réglé, auffi longtems qu'ils demeureront dans ce Territoire: Les Troupes, qui font dans la Ville, les tireront du Magazin, & l'on pourvoira gratis de foura-ge dans leurs Quartiers de cantonnement celles, qui font dans le plat-pays.

Rép. On l'accepte.

VI. On promet d'obferver une bonne dif-cipline, & d'empêcher tout excès.

Rép. On accepte l'accompliffement de cette promeffe.

(Etoit figné)   FLESCH.

Tous les points ci-deffus étant conformes à mon intention, & étant fatisfait des réfolutions fur ces mêmes points, je confirme cette Con-vention dans toute fa teneur.

A Erfurth le 1. Mars 1759.

(L.S.)

(Etoit figné) Gén. Lieut. de KNOBLOCH.

Le 25. Mars le Colonel Comte de Bethlhem voulant furprendre les Pruffiens du côté de Schönberg à trois lieues de Landshut, fur les confins de la Bohême, où ils occupoient un pofte confiftant en 12. Huffars & un Bas-Officier, foûtenus d'une partie du Bataillon-Franc de du Verger & un Officier; ce Colonel les fit attaquer à 6. heures du matin par 120. Huffars de Kalnocki & 300. tant Pandoures que Croates, mais les Pruffiens ayant été fecourus par un Efcadron de Zeidlitz, les repouffèrent avec perte de plufiéurs hommes, la leur n'ayant été que d'un Huffar & 2. Chevaux. D'un autre côté 600. Autrichiens à pied & à Cheval voulurent occuper les Villages de Weisbach & de Jungsdorf, mais ils ne purent y réuffir, ces Villages étant défendus par une Compagnie du Bataillon Franc d'Angelelli, foutenue par un Efcadron de Huffars rouges, & 30. de ceux de Lubomitski fous les Ordres du Major de Giefecken. Le Comte de Bethlhem avec le refte de fon corps, c'eft à dire 11. à 1200. hommes, s'avança fur Liebau, petite Ville à 2. lieues de Landshut, où fe trouvoient une trentaine de Huffars rouges: comme c'étoit dans le moment qu'on les relevoit, ils fe trouvèrent au nombre de foixante: ils fe deffendirent & bleffèrent quelques hommes; mais ne pouvant tenir plus longtems, vu la fupériorité du nombre, ils fe retirerent avec perte de fept prifonniers. Le

Comte

Comte de Bethlhem envoya enfuite un Corps fur Zeikersdorf, où le Bataillon d'Angelelli lui réfifta. Un autre Corps de Pandures epaulé par des Huffars de Kalnocki qui s'etoit porté en avant fur la droite de Liebau, y gagna le chemin creux & le fentier, nommé le Lindenberg, pour entrer dans Lindenau ; mais l'Etat-Major du Bataillon de du Verger s'y maintint fans perdre un feul homme.

Les Autrichiens, après une attaque qui dura par intervalles plufieurs heures, fe retirèrent avec perte de 3. hommes, partie par Ullersdorf à Basdorf & le refte à Chatzlar. Ils attaquèrent le même jour, fans fuccès, le Cordon de troupes Pruffiennes, qui formoit une efpèce de chaine de ce côté-là. Ils reuffirent mieux à Greiffenberg, où le Bataillon de Grenadiers de Düringshofen & un Efcadron de Huffars de Ziethen ont été fort maltraités par 8000. hommes de Troupes légères que les Autrichiens y avoient envoyés. Deux Pelotons de ces Grenadiers furent écharpés par la Cavalerie Autrichienne ; & le refte fe rendit prifonnier de guerre, n'ayant pû être foûtenu à tems, par d'autres Huffars de Ziethen & le Bataillon Franc de Salomon, à caufe de la diftance des lieux & des mauvais chemins. Ce fuccès étant dû aux manœuvres du Baron de Beck, qui a commencé les Opérations par cette entreprife fur Greiffenberg, nous en donnerons le détail plus circonftancié.

b 5

Comme

Comme le Roi de Prusse étoit à Bolcken-hayn, Mr. de Beck prit avec lui le Baron de Buttler, le Comte de Geisrugg, & le Baron de Vela, Généraux Majors, qui ont été tout l'hiver en cantonnement sous lui. Son Corps arriva avec 2. Canons de 6. livres, outre 4. Haubitz, aux environs de Greiffenberg le 26. de Mars à 5. heures du matin. L'infanterie Nationale & les Hussars passèrent la Queiss, pour investir la Place, pendant que les Grenadiers, les Troupes Allemandes & l'Artillerie s'avancèrent vers la Ville du côté de Friedland.

Le Colonel de Duringshofen, qui commandoit dans la Place, ne fut pas plûtôt informé de leur marche, qu'il renvoya ses Bagages, & alla se porter avec son Bataillon de Grenadiers & un Escadron de Hussars dans les Défilés qui mènent vers Löwenberg. Il appella à son secours les Hussars de Ziethen, qui étoient dans les environs, ainsi que les Garnisons de Hirschberg & de Löwenberg.

Cette manœuvre engagea le Général de Beck à faire passer la Queiss à 300. Dragons sous les ordres du Colonel Baron de Bugnetti, pour couper l'Ennemi, mais qui dans la situation avantageuse où il étoit, se défendit pendant une heure. Sa résistance lui coûta plusieurs Hommes, qui furent tués, & 78. blessés; & les Hussars & Dragons ayant percé de tous côtés les Grenadiers Prussiens, au nombre de sept cens, ils

se

se rendirent prisonniers. Les Hussars de Ziethen ont été dispersés, & les Dragons de Wurtemberg, qui étoient derrière Liebenthal, s'étant rassemblés, se sont repliés. Les Officiers prisonniers sont le Colonel de Düringshoffen; le Capitaines de Tettenborn, de Muller, & de Rhindorff; les Lieutenans de Rochoff, d'Eichstât, de Billa, de Kalkstein, de Pidzki, & de Schottendorff, les Sous-Lieutenans de Rech, de Walter, de Bughagen, & d'Eichstadt, tous Grenadiers; le Lieutenant d'Osten, du Régiment du Prince Ferdinand; & le Capitaine de Rohr de celui de Ziethen.

Le Général de Beck, après avoir occupé la Ville, resta la nuit en deça de la Queiss; Et le lendemain, il marcha à Friedland avec 2. Canons, dont il s'étoit emparé la veille; Mais on n'a pu emporter 1200. Portions de Fourages, qui se trouvoient à Greiffenberg. Les Habitans de la Silesie n'ont rien souffert à cette occasion, les Troupes aïant observé la plus belle discipline. La perte des Autrichiens fut de 15. morts & 18. blessés. On compte parmi les Officiers qui se sont distingués, le Comte de Brunian, Colonel des Hussars Esclavons; le Baron Bugnetti, Colonel dans le Régiment de Darmstadt; le Colonel Almasy, & le Major de Kiess dans celui des Hussars de l'Empereur; le Comte Gossaur, Capitaine des Hussars Esclavons, vous, & le Comte de Wartemberg, Capitaine au Régiment de Darmstadt.

L'intention des Prussiens étoit bien de changer la position de leur cordon en attendant l'ouverture de la Campagne, mais le froid excessif les obligea de se tenir dans ces quartiers, sur leurs gardes; leurs troupes y étoient complettes & en bon état. Pendant ce qui se passoit à Greifenberg, le Général de Braun qui commandoit les Autrichiens du côté de Saalfeld, s'en retira un peu en arrière, après une vive escarmouche, qui lui a couté quelques hommes.

Les Russes commencèrent à paroître sur les frontières de Pomeranie & firent deux tentatives infructueuses contre le petit Détachement, qui se trouvoit dans la petite Ville de Neu-Stettin, pour couvrir les Frontières de cette contrée. Le 31. Mars, on apprit à Neu-Stettin, que 400. Cosaques avoient passé la Frontière, & se trouvoient dans le Village de Soltenitz; sur quoi le Capitaine de Hohendorf les attaqua à la tête de 120. Hussars Provinciaux, les defit, & les poursuivit jusqu'en Pologne. Ils ont eu dans cette occasion une trentaine de morts, parmi lesquels se trouvoit leur Chef; les Prussiens n'ont eu qu'un Officier & trois Hussars blessés.

Les Russes voulant se vanger de cet échec, revinrent le 7. Avril avec un Corps beaucoup plus nombreux, qu'on a estimé jusqu'à 3000. Hommes, la plûpart Cavalerie. La Garnison

de

de Neu-Stettin , qui n'étoit composée que de
150. Huſſars Provinciaux ſous les ordres du Capitaine de Hohendorff , & d'une Compagnie
franche de 300. Hommes , commandée par le
Capitaine de Wuſſow , ne balança pas de marcher à la rencontre de l'Ennemi , lequel on trouva aux Portes de la Ville.   Les Huſſars ne pouvant pas réſiſter à une ſupériorité ſi décidée de
la Cavalerie ennemie , ſe rétirèrent derrière l'Infanterie ; mais celle-ci fit un feu ſi vif & ſi bien
entretenu de la Mouſquèterie , & des quatre Canons dont elle étoit accompagnée , qu'elle re-
pouſſa toutes les attaques des Ruſſes , & , qu'a-
près un combat de cinq heures , ceux-ci furent
obligés de ſe retirer en confuſion & de ſe ſauver au-delà des Frontières en Pologne , en rom-
pant derrière eux le Pont de la Rivière de Kuddo.   La perte des Pruſſiens conſiſta en 9. morts
& 34. bleſſés ; parmi les prémiers on a regretté
beaucoup le brave Capitaine de Wuſſow.   La
perte des Ruſſes doit avoir été beaucoup plus
grande à cauſe du bon effet du feu du canon ;
mais on n'a ſçû l'évaluër au juſte , on ſait ſeulement qu'ils ont emporté tous leurs bleſſés , ſur
30. Chariots.   Dans la retraite ils ont pillé le
Village de Kuddo & celui d'Elſeno , quoique
le dernier ſoit ſitué en Pologne.

Dans la Poméranie citérieure , le Fort de
Pénamunde , que les Pruſſiens n'avoient pas juſques

ques-là jugé à propos d'affiéger, a été pris le 10. du courant, après un bombardement de deux jours. La Garnifon, dont une grande partie a péri dans le bombardement, & qui à la reddition fe trouvoit réduite à 11. Officiers & 220. Soldats, a été faite prifonnière de guerre felon la Capitulation fuivante; & l'on a trouvé dans le Fort 33. Canons & 4. Mortiers. Ce Siége a coûté aux Pruffiens un Capitaine d'Artillerie & 3. Soldats, qui ont été tués.

Capitulation du Fort de Penamunde.

I. Tous les Officiers & les Bas Officiers de Naiffance feront relâchés fur leur parole pour retourner dans leur Patrie.

Rép. Toute la Garnifon eft prifonnière de guerre. Mrs. les Officiers ne peuvent être relâchés fur leur parole, que par la permiffion du Général qui commande l'Armée. Les Bas-Officiers font mis au rang des autres Prifonniers de guerre.

II. On laiffera aux Officiers leur Equipage, leurs Domeftiques, & tout ce qui leur appartient en propre, de même qu'aux Soldats.

Rép. Accordé, à l'exception des Chevaux qu'on a pris à des Déferteurs Pruffiens, & aux Sujets du Roi, & qu'il faudra rendre.

III.

III. Les Aumôniers & les Chirurgiens ne seront pas centés prisonniers, & on leur laissera leur Equipage.

Rép. Cela dépend du Général. On leur laissera leur Equipage; mais les Drogues & les Instrumens, qui appartiennent à la Couronne, seront livrés.

IV. On donnera des Chariots pour les blessés. *Accordé.*

V. Aucun Prisonnier ne sera forcé de prendre service.

Rép. On ne force jamais personne, mais les Déserteurs seront d'abord dénoncés.

VI. Les Bas-Officiers & les Soldats, à qui le congé avoit déjà été promis, ne seront pas regardés comme Prisonniers.

Rép. Ils le seront, puisqu'ils ont servi dans le Fort.

VII. Les Soldats pourront s'en retourner chez eux sur la parole de leurs Officiers. *Réfusé.*

(Etoit signé.) R Ô Ô K.

Rép. Le Commandant rendra compte sur sa parole & sur son honneur de tout l'argent, qui se trouvera dans le Fort appartenant à la Couronne de Suède, spécifiera exactement les Canons, les Mortiers, & les Munitions qui s'y trouveront, & indiquera fidèlement ce qui auroit pu avoir été caché sous terre.

On

On livrera auſſi les Magazins, après une ſpéci-
fication exacte, à l'Officier qui ſera chargé
de les recevoir.

La Garniſon ſortira ſans bruit demain à neuf
heures du Fort, & poſera les armes à l'endroit qu'on lui indiquera; & Mr. le Commandant donnera, en ſortant de la Place, la
liſte des Officiers, Bas-Officiers, Soldats, &
Canonniers, qui compoſent la Garniſon, ainſi
que tout ce qui y appartient.   La Porte,
nommée Waſſer-Pforte, & celle de Pénamunde, ſeront occupées dès ce ſoir & livrées au
Détachement qu'on y enverra pour cet effet.

Fait dans le Village de PENAMUNDÈ,
le 12. Avril 1759.

Il a fallu que j'accepte ces conditions.

(Etoit ſigné.)   RÔÔK.

Les Priſonniers de guerre Suédois, qu'on
a fait dans le Fort de Pénamunde, ſont au nombre de 241. Savoir 2. Capitaines, 3. Lieutenans,
1. Sous-Lieutenant, & 5. Enſeignes: Un Au-
mônier, 2. Chirurgiens, 14. Bas-Officiers, 1.
Maître de Navire, 190. Soldats & Tambours,
8. Manœuvres, & 14. Domeſtiques.   On a
pris encore 3. Canonniers, qui vouloient s'é-
vader près de Feroeſt dans un Bateau.   L'Artillerie, que l'on a trouvée dans le Fort, conſiſte
en 4. Canons de fer de 24. Livres, 5. de dix-
huit, 4. de douze, 11. de ſix, & 5. de trois, 2.
Mortiers de fer de quarante, & 2. de 16. Livres.

No. III.

MEMOIRES

POLITIQUES & MILITAIRES

POUR SERVIR à

L'HISTOIRE

DE NOTRE TEMS.

N°. III.

OPÉRATIONS DES ARMÉES IMPÉRIA-LES & DE LEURS HAUTS ALLIE'S EN 1759.

Expofition des motifs de la conduite, que les Officiers Saxons, au Service de France, ont tenue à l'égard du Roi de Pruffe.

L e Roi de Pruffe ayant publié, le premier Décembre de l'année dernière, une décla-ration en forme de Lettres avocatoires, par les-quelles il rappelle les Officiers Saxons, qui ont paffé au Service de France, & les menace de les traiter comme infracteurs de la Capitulation de Lilienftein, de confisquer leurs Biens, & d'ufer à leur égard des flêtriffures ufitées dans le Mili-taire; ces Officiers manqueroient à ce qu'ils doi-vent à leur légitime Souverain, à leur honneur, & aux Loix de la Guerre, s'ils ne détruifoient pas des imputations fi injurieufes, & fi peu me-

c   ritées,

ritées, & s'ils ne démontroient l'injuftice des menaces, qui en font la fuite, en renverfant le fondement fur lequel on les appuye.

Il fuffira de faire un Expofé fidéle des vio-lences, que le Roi de Pruffe a employées con-tre ces Officiers, depuis le 16. Octobre 1756. date de la Capitulation de Lilienftein, pour con-vaincre toute l'Europe que ce Prince a enfreint le premier les conditions refpectives, aux quel-les il s'étoit engagé envers eux: Que par fon propre fait, il a annullé tout ce qu'ils lui ont pro-mis, tant à Lilienftein, que depuis cette épo-que; & que les liens de la dépendance, où ils étoient de S. M. Pruffienne, font entièrement rompus.

Une Capitulation eft une Convention fon-dée fur la bonne-foi, & qui oblige également le Vainqueur, & les Vaincus. Celui de deux partis, qui la viole le premier, difpenfe l'autre de l'éxécuter. Or le Roi de Pruffe a violé le premier la Capitulation dans les Points les plus effentiels, en ufant de toutes fortes de moyens pour forcer les Officiers Saxons à fervir contre leur propre Souverain, en les affujettiffant à des Loix plus dures, que celles qui leur étoient im-pofées par la Capitulation de Lilienftein, enfin en refufant à ces mêmes Officiers les fubfiftan-ces, qu'il leur devoit, non feulement par les ufages de la guerre, mais encore par les propres

pres termes de la Capitulation : c'eſt ce que l'on va prouver par les faits.

L'Armée Saxonne s'eſt rendue priſonnière de guerre ; elle l'a reconnu par l'Article I. de la Capitulation, & le Roi de Pruſſe l'a reçue comme telle par les Réponſes aux Articles I. & V. & par l'Article II. de la Convention de neutralité pour la Forterefſe de Koënigſtein.

Les Loix & uſages militaires ont fixé depuis long-tems les droits des Priſonniers de guerre.

Conſidérés dans la plus grande rigueur, ces Droits veulent, que, d'un côté, le Vainqueur n'ait plus rien à craindre du côté des Vaincus ; & que, de l'autre, ceux-ci ayent la vie ſauve, & qu'on n'éxige rien d'eux, qui ſoit contraire à leur devoir. Ils ne deviennent point Sujets du Vainqueur, ils ne ſe livrent point à ſa diſcretion ; ils ſont ſes Priſonniers. Ainſi, dès qu'on entreprend de les forcer à prêter ſerment de fidélité à l'Ennemi, & à porter les armes contre leur Souverain, on viole manifeſtement les loix de la guerre, & les engagemens que l'on a contraĉtés avec eux.

La condition de recevoir l'Armée Saxonne priſonnière de guerre a été la baſe, le principe fondamental de la Capitulation de Lilienſtein ; & l'on ne peut regarder que comme un ſurcroît de précautions la Clauſe, que le Comte de Rutowski a inſérée dans l'Article VIII.

Qu'au-

„ Qu'aucun Bas-Officier ou Soldat ne seroit,
„ malgré lui, obligé à prendre parti dans l'Armée
„ Prussienne. "

Cette Clause, telle qu'elle est exprimée, ne regarde évidemment que les Particuliers, qu'on auroit peut-être voulu forcer à se ranger sous les Drapeaux Prussiens. Le sort de l'Armée entière étoit déjà décidé : & la réponse du Roi de Prusse ; „ c'est de quoi personne n'a besoin „ de se mêler ; " quelque dure qu'elle fût, n'y dérogeoit en aucune manière.

Mais, en supposant, par impossible, que le Roi de Prusse eût voulu faire signifier à cette Phrase, qu'il se réservoit le droit de fondre les Troupes Saxonnes dans ses Régimens ; en supposant, qu'il eût voulu déclarer par-là, qu'à l'exception des seuls Généraux, tout le reste de l'Armée seroit délivré du serment de fidélité envers son Prince légitime, & forcé de le prêter à son Ennemi : Cette clause illicite par elle-même, opposée à l'état d'une Armée prisonnière de guerre, auroit été annullée par la protestation du Comte Rutowski, contenue dans l'Article XIV. séparé, qui fait corps de la Capitulation, & qui est reconnu comme tel par la signature du Roi de Prusse. Voici comme elle s'exprime.

„ Je suis autorisé à obliger l'Armée à mettre
„ bas les armes ; mais je ne le suis point à la
„ décharger du serment de fidélité. "

Cette

Cette protestation, qui rappelle les Articles I. & V. de la Capitulation, étant demeurée sans réponse particulière, les choses sont rentrées dans leur ordre naturel. Les Saxons ne sont que Prisonniers de guerre; ils n'ont pas consenti à autre chose. Les pouvoirs du Général capitulant, & son intention ne s'étendoient pas plus loin. Dès-lors tous les actes, qu'on leur a extorqués depuis, sont des contraventions manifestes aux engagemens, que le Roi de Prusse avoit pris avec eux.

Les Officiers Saxons, par respect pour S. M. Prussienne, voudroient pouvoir se taire sur les violences, dont on a usé envers leurs braves Régimens, pour les forcer à prendre parti chez l'Ennemi de leur Prince; & S. M. Prussienne voudra bien n'imputer, qu'à la nécessité, où Elle les met de se justifier, les détails, dans lesquels ils entreront à cet égard, & qui d'ailleurs sont déjà connus de toute l'Europe par les Ecrits publics, qui en ont fait mention.

Les Mémoires, que le Baron de Ponickau a présentés à la Diète de l'Empire, les Relations que la Cour de Saxe a fait publier, tous les Ecrits du tems ont annoncé les traitemens injustes, & rigoureux, qu'on a employés pour entraîner les Troupes Saxonnes dans le service Prussien. D'un autre côté, des milliers de Soldats, qui ont brisé leurs chaînes, des Compagnies entières du Regiment des Gardes, & de

　celui

celui du Prince Frédéric, qui expient encore dans les Forteresses de Custrin, de Stetin, de Magdebourg, & de Spandau, leur constante fidélité pour leur Souverain légitime; les Cuirassiers du Régiment d'Arnim, qui ont déclaré dans leurs représentations au Prince Electoral de Saxe, qu'ils en viendroient plutôt aux dernières extrèmités, que de prêter le serment, qu'on éxigeoit d'eux: Mille autres éxemples, qu'on pourroit alléguer, ne laissent aucun doute sur la vérité de ces faits. Il faut même, que le projet du Roi de Prusse, d'incorporer les Troupes Saxonnes à son Armée, ait éclaté le jour même de la Capitulation, puisque le Comte de Rutowski a protesté contre cette violence par l'Article XIV. séparé, qu'on vient de rapporter.

Cette infraction, de la part du Roi de Prusse, d'une condition principale de la Capitulation, suffiroit seule, pour justifier les Officiers, & les Soldats Saxons, qui se sont soustraits au joug des Prussiens; mais il y a d'autres motifs d'une grande considération, qui sont particuliers au Corps des Officiers.

L'Article IV. de la Capitulation porte, „que „ les Généraux & toutes les Personnes ayant rang „ d'Officiers s'engageront à ne porter les Armes „ contre Sa Maj. le Roi de Prusse, jusqu'au réta- „ blissement de la Paix, & qu'on leur laissera la „ liberté de rester en Saxe, ou de se retirer, où „ bon leur semblera. "

La

La Réponse, que le Roi de Prusse a fait à cet Article, est de la teneur suivante: „Ceux qui „veulent entrer à mon Service doivent avoir „dès ce moment la liberté de le faire. "

Cette Réponse laisse subsister l'Article proposé dans toute sa force, & donne par conséquent aux Officiers Saxons qui ne voudroient pas entrer au service de Prusse, la liberté de se retirer, où bon leur semblera : Elle ne stipule rien au-delà de la condition offerte de ne point servir contre Sa Majesté Prussienne, jusqu'au rétablissement de la Paix; mais trois jours après la signature de la Capitulation, c'est-à-dire le 19. Octobre, le Roi de Prusse contraignit ces Officiers de signer des Reversales infiniment plus onéreuses, que l'Article, auquel ils s'étoient obligés par la Capitulation.

Voici les termes de cet Article : „Je soussi-„gné.... m'oblige de me représenter toutes fois, „& quantes, & où il plaira à Sa Majesté Prus-„sienne, sur-tout de n'entrer au service d'aucune „Puissance, soit pour le civil, soit pour le mi-„litaire. Je promets au contraire de rester dans „l'endroit, qui me sera assigné, jusqu'à ce qu'il „plaise à Sa Majesté Prussienne. "

Si l'on compare ces Reversales avec la Capitulation, l'on verra qu'elles renferment une obligation plus dure, & beaucoup plus étendue, que celle qui étoit portée par l'Article IV.

Aux

Aux termes de cet Article, les dits Officiers devoient se retirer où bon leur sembleroit; aux termes des Réversales ils sont obligés de rester dans l'endroit, qui leur sera assigné, & de se représenter toute fois, & quantes, & où il plaira à Sa Majesté Prussienne.

Selon l'Article IV. il leur est libre d'embrasser tel état, qu'ils jugeront à propos, pourvû qu'ils ne portent point les armes contre le Roi de Prusse. Selon les Reversales, ils ne peuvent accepter aucune sorte de Service, ni pour le civil, ni pour le militaire, ni pour aucune sorte de négociation. En un mot, aux termes de la Capitulation, ce sont des Officiers Prisonniers de guerre, dont le Vainqueur, en les relâchant, tire la parole d'honneur, qu'ils ne serviront point contre lui. Aux termes des Reversales, ce sont des esclaves des volontés, & du despotisme de leur Ennemi.

Il est donc manifeste, qu'elles ont été une nouvelle infraction de la Capitulation de Lilienstein de la part du Roi de Prusse. Cela n'empêcha cependant pas les Officiers Saxons de garder la foi donnée à leur Ennemi: & ils obéirent à la première sommation, que Sa Majesté Prussienne leur fit au mois d'Avril 1757. de se rendre dans quelques petites Villes de la Saxe.

Après avoir fait au-delà de ce qu'ils avoient promis de faire, ces Officiers avoient lieu de s'attendre, que le Roi de Prusse leur fourniroit,

de

de son côté, la subsistance provisionelle, que tout Vainqueur doit à son Prisonnier, suivant les loix, & usages de la guerre.

Sa Majesté Prussienne devoit faire d'autant moins de difficulté de la leur donner, que ne s'étant énoncée jusques-là, que comme prenant en dépôt l'Electorat de Saxe, Elle ne pouvoit point avoir de défiance sur le remboursement des avances qu'Elle auroit faites des Deniers d'un Etat, dont Elle ne se disoit que simple dépositaire, & dont Elle disposoit en maître absolu.

Cette obligation naturelle, de pourvoir à la subsistance des Officiers prisonniers de guerre, étoit d'autant plus indispensable, qu'elle étoit la base même de tous leurs Engagemens, ainsi que de la Capitulation de Lilienstein.

Les Articles III. X. & XI. sont très-précis là-dessus.

Par l'Article III. le Roi de Prusse s'engage à faire fournir à l'Armée les Vivres nécessaires, & cela, dit-il plutôt dès aujourd'hui, que demain.

Par l'Article IX. il promet de traiter les Généraux en gens d'honneur, & à la subsistance des quels il seroit facile de pourvoir.

Par l'Article X. il se charge de l'entretien de l'Armée; & le Comte Rutowski ayant proposé, par l'Article XI. de régler, quand, & par où les Généraux, & toute l'Armée sans exception, défileroient du Poste, où l'on se

trou-

trouvoit, le Roi de Pruſſe eſt convenu de choiſir les endroits, où l'on pourroit leur faire adminiſtrer la ſubſiſtance.

Par conſéquent il la devoit à toute l'Armée, ſans exception; &, s'il avoit voulu en faire quelqu'une, il auroit fallu qu'elle fût exprimée diſertement.

On eſt fort éloigné de croire, qu'on voulût inférer une pareille exception de la Réponſe de ſa Majeſté Pruſſienne à l'Article IX. mais, en tout cas, la diſcuſſion, qu'on en va faire, démontrera, qu'elle n'auroit aucune force rélativement à cet objet; & qu'elle ne ſeroit pas même appliquable au cas, dont il s'agit.

Le Comte Rutowski propoſa de régler les Fonds, d'où l'on tireroit les Appointemens, que l'on devroit payer tous les mois aux Générаux; aux Officiers, & autres Perſonnes appartenantes à l'Armée; & le Roi de Pruſſe répondit qu'il étoit très-raiſonnable de payer ceux qui ſerviroient.

On eſt très-perſuadé, que ſa Majeſté Pruſſienne, par cette Réponſe, n'a pas cherché à éluder les Engagemens, qu'Elle avoit pris ſur les ſubſiſtances par l'Article, III. & qu'Elle a renouvellés par l'Article XI. en effet; il ne ſeroit pas conſéquent, qu'après avoir promis des ſubſiſtances à toute l'Armée par le dit Article III. le Roi de Pruſſe eût prétendu, quelques lignes plus bas, en excepter les Officiers, qui ne ſerviroient

viroient pas, & revenir enfuite contre cette
diftinction, en promettant de nouveau des
fubfiftances à toute l'Armée fans exception. De
pareilles contradictions feroient capables de vicier
le Contract le plus libre & le moins ónéreux.

D'ailleurs cette Réponfe du Roi de Pruffe,
„ il eft très-raifonnable, que je paye ceux qui fervi-
„ ront, “ quelque fubtile qu'elle puiffe paroître,
eft une Propofition affirmative; & les Officiers
Saxons, fçavent avec tout le monde, qu'une
Propofition affirmative pour une Perfonne n'eft
point, en même tems, négative pour une autre;
& qu'il faut que l'exclufion foit expreffément
énoncée.

Il y a plus, l'Article IX. roule évidemment
fur la paye des Officiers, que le Comte Rutowski vouloit leur conferver, & que le Roi
de Pruffe n'a trouvé raifonnable d'accorder qu'à
ceux qui ferviroient. Or la différence eft extrême entre un payement d'Appointemens, &
la fourniture des Subfiftances, qu'on doit à des
Prifonniers de guerre. Les Loix, & les Ufages
militaires difpenfent les Vainqueurs de la première de ces obligations, à moins qu'on n'en
foit convenu formellement. Peut-être en dif-
penferoient-t'elles auffi le dépofitaire de la Saxe;
mais on n'a jamais refufé la fubfiftance à des
Prifonniers de guerre, & moins encore à des
Officiers, prifonniers fur leur parole, qu'on
obli-

obligeoit de s'établir par brigades en des endroits prescrits par le Vainqueur.

Les Officiers Saxons n'ont pas cessé de réclamer ces engagemens, & ces obligations du Roi de Prusse; mais ils ont toûjours essuyé les refus les plus durs, & les plus humilians : Sa Majesté avoit formé la résolution de ne leur laisser d'option, qu'entre le parti de périr de faim, ou de se rendre coupables de félonie en portant les armes contre leur propre Souverain.

Tout ce détail de faits, connus de l'Europe entière, & de raisons puisées dans les principes les plus clairs du Droit de la guerre & des gens, concourt à justifier les Officiers Saxons des reproches injurieux, que Sa Majesté Prussienne leur fait dans ses Avocatoires.

Les Loix de la guerre, celles de la justice & de l'honneur, prescrivent également aux deux Parties contractantes l'observation des conditions respectivement stipulées. Le Roi de Prusse a violé le premier sans aucun motif de justice les principaux engagemens, qu'il avoit pris avec les Officiers de l'Armée Saxonne. Dès-lors chacun d'eux est devenu maître de disposer de sa Personne, & de son Epée, pour le service de son Souverain, & celui de sa Patrie. Sa Majesté Prussienne ne peut donc plus leur reprocher de s'être dégagés des liens de la Capitulation de Lilienstein. Elle en a perdu le droit,

lors

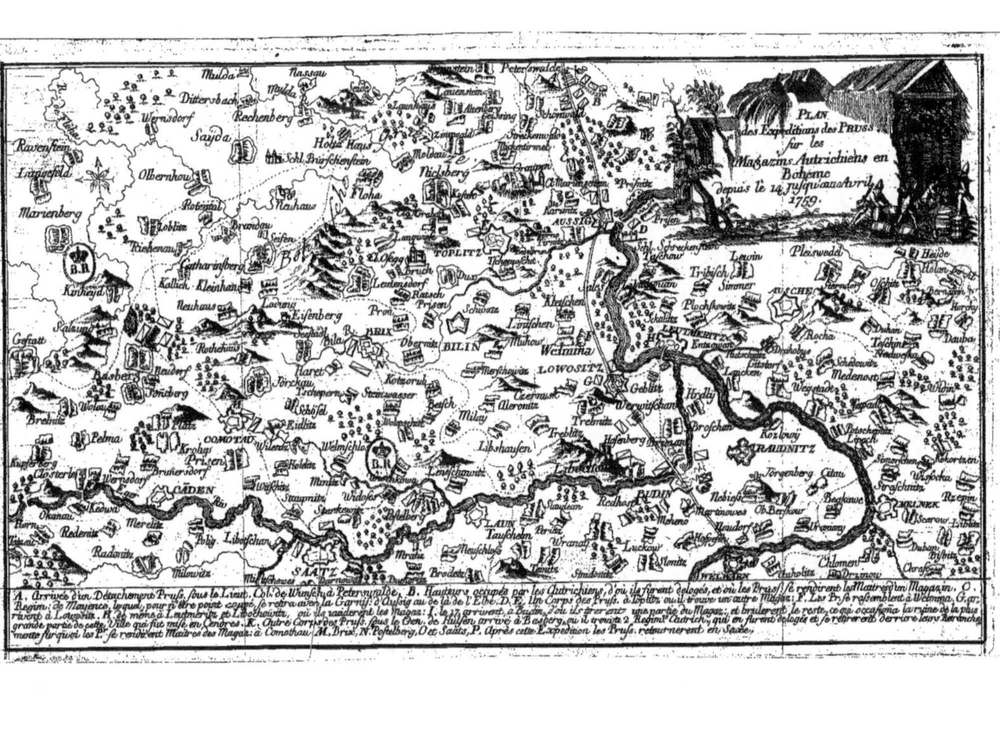

PLAN
des Expeditions des PRUSS
sur les
Magazins Autrichiens en
Bohême
depuis le 14 jusqu'au 24 Avril
1759.

A. Arrivée d'un Détachement Pruss. sous le Lieut. Col. de Winsch, à Peterswalde. B. Hauteurs occupés par les Autrichiens, d'où ils furent delogés, et où les Pruss. se rendirent les Maitres d'un Magazin. C.
Regim. de Mayence, lequel, pour n'être point coupé, se retira avec la Garnis. d'Aussig au de là de l'Elbe. D, E. Un Corps des Pruss. à Toplitz où il trouve un autre Magaz: F. Les Pr. se rassemblent à Welmina. G. arrivent à Lowosiz. H. se mène à Leutmeritz et Libochowitz, où ils ruinèrent les Magaz: I. le 17 arrivent, à Budin, d'où ils tirèrent une partie du Magaz: et brulèrent le reste, ce qui occasiona la ruine de la plus
grande partie de cette Ville qui fut mise en Cendres. K. Autre Corps des Pruss. sous le Gen. de Hulsen arrive à Basberg, où il trouva 2 Regim. Autrich., qui en furent delogés et se retirèrent derrière leurs Retranche-
mente, sur quoi les P. se rendirent Maitres des Magaz: à Comothau. M. Brix, N. Postelberg, O et Saats, P. Après cette Expedition les Pruss. retournèrent en Saxe.

lorsqu'Elle l'a enfreinte. Celui, qui transgreffe les Loix, ne peut les appeller à fon fecours.

Les Officiers Saxons, fe flattent d'avoir pleinement juftifié leur conduite aux yeux de toute l'Europe, & à ceux même de Sa M.^{jefté} Pruffienne. Ils efpèrent, que, tant par prit de juftice, que par égard pour fes propres Troupes, ce Prince n'exécutera point des menaces, qu'ils ont fi peu méritées; mais, s'il en venoit à ces extrêmités, les Officiers Saxons déclarent, qu'infenfibles à la perte de leurs biens, ils ne connoiffent de flétriffure, que le reproche de Sujets infidéles, ni d'autre gloire, que celle de verfer jufqu'à la dernière goute de leur fang pour la Caufe de leur Souverain, & pour le fervice des Alliés, qui la défendent.

La plûpart des Trouppes Autrichiennes, qui avoient cantonné fur les Frontières de la Saxe, ayant défilé vers celles de la Siléfie, ou dans l'Empire, le Prince Henri forma le deffein de pouffer les fiennes en Bohème, au-delà de l'Eger, pour enlever les Magazins Imperiaux fur l'Elbe & dans les différens Quartiers qu'ils avoient occupés.

On commença le 15 Avril à exécuter ce Plan, en conféquence duquel on fit marcher une Colonne fur Péterswalde; & une feconde prit fa route fous les ordres du Général de Hul-fen par le Pasberg & Commotau.

L'avant-Garde de la première trouva la Hauteur derrière le Village de Peterswalde for-tifiée par une Redoute, devant laquelle régnoit un abbatis confidérable, gardé par 600. Croates & quelque Infanterie Hongroife. Ce paffage fut forcé: les Imperiaux y eurent 15. Hommes de tués; & l'on fit prifonniers un Major avec une trentaine de Soldats. Le tems qu'il falloit pour déblayer l'abatis, & y faire paffer les Troupes, facilita la retraite des Imperiaux qui eurent le loifir de lever leurs Quartiers. L'Avant-Garde de la fe-conde Colonne fe partagea, de fon côté, en deux Corps, dont l'un fe porta fur Auffig, & l'autre fur Töpliz, pendant que les Imperiaux fe replie-rent par-tout avec la plus grande précipitation. On détruifit le Magazin à Auffig: Les Ponts fur l'Elbe furent brûlés; & l'Avant-Garde fe réjoi-gnit le 16. à Welmina. On s'empara ce jour-là des Farines & des Fourages, que les Autri-chiens avoient laiffés à Lôbofchutz & à Leutme-ritz; & l'on brûla le Pont, qu'ils y avoient con-ftruit depuis peu. L'Avant-Garde étoit le lende-main à Budin, où les Imperiaux avoient encore un Dépôt de Vivres.

Le

Le Général de Hulſen a trouvé le paſſage du Pasberg gardé par un Corps de Croates & les Régimens de Königseck & d'Andlau. La Cavalerie paſſa par Pilsnitz, & prit les Imperiaux à dos, pendant que l'Infanterie l'attaqua de front, & les chaſſa de tous ſes Retranchemens. Le Général Rénard y a été fait priſonnier avec 51. Officiers & 2000. Soldats. On leur a pris 3. Drapeaux, 2. Etendarts, & 3. Pièces de canon. Il en a coûté aux Pruſſiens environ 70. tant morts, que bleſſés.

Le Général-Major d'Aſchersleben, qui conduiſoit l'Avant-Garde de la Colonne du Général de Hulſen, pouſſa jusqu'à Saatz, pendant que l'Avant-Garde de la Colonne du Prince Henri étoit venu occuper Budin. Le Général de Meinicke avec ſon Régiment de Dragons & le Lieutenant-Colonel de Kleiſt à la tête de ſes Huſſars paſsèrent l'Eger, où étoit un Corps de Cavallerie, de Huſſars, & de Croates, dont une partie fut ſabrée, & 3. Officiers avec 120. Hommes faits priſonniers.

Le Prince Henry ayant rempli ſon projet & obligé les Autrichiens à ſe retirer en toute diligence à Prague, ſans avoir le tems de ſauver leurs dépôts, il fit retourner ſes Troupes au petit pas par la Saxe.

Etat

Etat des Provifions enlevées en Bohême par les Pruffiens.

	Tonneaux. de farine.	Pains. de 4. livr.	Boiffeaux. d'Avoine	Rations. de foin à 8. livr.
A Auffig	700.	–	200.	1000.
Töplitz	60.	–	2000.	–
Lowofitz	450.	–	–	–
Leutmeritz	–	–	3000.	2000.
Luckowitz	–	36000.	–	–
Libochowiz	–	–	10000.	–
Worwitz.	1000.	30000.	–	–
Budin	1000.	–	100000.	20000.
Saatz	32000.	–	20000.	60000.
Poftelberg	50.	–	–	–
Commot.	205.	4000.	700.	1375.
Brix	21.	3400.	920.	1925.
	35486.	73400.	136820.	86300.

En évaluant ces Magazins felon le prix courant de Dresde, la valeur en reviendroit à 433600. Risdales, 16. Gros, quoique le prix en monte au double en Bohême.

No. IV.

MEMOIRES
POLITIQUES & MILITAIRES
POUR SERVIR à
L'HISTOIRE
DE NOTRE TEMS.

No. IV.

OPÉRATIONS DES ARMÉES IMPÉRIA-LES & DE LEURS HAUTS ALLIE'S EN 1759.

Lifte des 65. Officiers Autrichiens, qui ont été fait Prifonniers dans l'Expédition de Bohême.

Le Général-Major F. de Reinhard. Du Régiment de Königsegg, le Lieutenant-Colonel Comte de Neuhaufs. Les Capitaines de Burchard, Crafft, Antoine de Woyges, J. de Schuller, Baron de Eyb, J. F. de Hangis, & F. J. König. Les Premiers-Lieutenans des Grenadiers de Timar, M. de Laftores, & de Traporta. Les Premiers-Lieutenans B. de Lottière, de Buchholtz, & de Behr. Les Aides-de-Camp Strofsmann, & Ulrich. Les Lieutenans en fecond J. Schlefack, Franza, Maifch, de Büttner, & Schmieder. Les Enfeignes

d

Schaich,

Schaich, de Pampuri, Luissi Corte, de Reinardi, & de Wilms. Le Cadet Stopigniani. Le Sous-Lieutenant J. A. de Pfister.

Du Régiment d'Andlau, le Lieutenant-Colonel F. Baron de Terzi. Les Capitaines de Foresti, F. H. de Jost, & Baron de Montfrauet. Les Premiers-Lieutenans d'Alen, & Baron de Broune. L'Aide-de-Camp Weidenbeck. Les Lieutenans en second B. Forgatsch, Comte Gorani, A de Duggat, Gerstner, de Larisch, & de Vela. L'Enseigne de Bessle.

Du Régiment de Smerzing. Le Premier-Lieutenant Comte de Fabrizi.

Du Régiment de Kalkreuth, Dragons. Le Lieutenant C. de Wipplar. Le Lieutenant en second de Painagel.

Du Regiment d'Esterhazi, Hussars. Les Capitaines F. Comte de Breuner, & Th. de Gaiger. Le Premier-Lieutenant F. R. Buttberger.

Du Régiment des Creutz-Warasdins. Les Capitaines Th. Popporich, E. Martinowich, & P. Habianiez. Le Premier-Lieutenant G. C. Bauer. Les Lieutenans en second Th. Wickailowich, de Helmling, & de Scharlach. Les Enseignes George Prodalitsch, & Basile Woikowitsch.

Du Régiment des Bannalistes. Le Colonel Baron W. Likaïsinow. Le Lieutenant-Colonel Cobaschütz. L'Enseigne G. Kotz.

Du Régiment des Hussars du Palatinat. Les Capitaines de Dosa, & Demetrius Gouporary.

du

Du Régiment de Baroniai. Le Capitaine Emericus Deſſewſſy. Le Cornette, François Gettersdorff.

Pendant l'Abſence du Comte de Fermor le Lieutenant-Général, Froloff Bagrejeu, commanda l'Armée l'Armée Ruſſienne. Il avoit envoyé le Colonel Dalke avec un Détachement vers Poſen en Pologne, pour y obſerver les mouvemens des Pruſſiens, qui menaçoient d'entrer dans ce Royaume. Le Colonel Dalke manda dans le courant de Février, que lesPruſſiens étoient effectivement entrés en Pologne; qu'ils marchoient ſur pluſieurs Colonnes à Stras, Poſen & Mezeritz, vers la Viſtule; que le Roi de Pruſſe y étoit en perſonne, & que le Comte de Dohna marchoit ſur Bittau.

A ces Nouvelles, les Troupes Ruſſes ont été raſſemblées & poſtées le long de la Viſtule juſqu'à Thorn, & de-là le long de la Rivière de Drattnitz juſqu'à Soldau, pour être en état de repouſſer l'Ennemi s'il tentoit de les attaquer.

L'Ennemi entra à Poſen le 28. Février. Son principal objet étoit de s'emparer des Proviſions qu'on y avoit raſſemblées. Les Pruſſiens ſçurent, en arrivant, que le Magaſin étoit bien moins conſidérable qu'ils ne l'avoient cru. Ils s'en ſaiſirent, jetterent dans l'eau une partie des Blés, & diſperſèrent le reſte.

Les Juifs, qui leur livrèrent ces Proviſions, avoient reçu des Ruſſes en payement deux mille

 ſix

six cens soixante-seize Ducats. Les Prussiens les ont forcés de leur rendre cette Somme; mais, comme ces fournisseurs n'étoient pas en état de la remettre en entier, les Prussiens ont reçu deux mille Ducats; & ils ont emmené quatorze Juifs des plus riches & une Juïve, pour la sûreté du reste de la Somme.

Enfin l'Ennemi, après avoir levé des Recrues à Posen, quitta cette Ville le 4. Avril pour retourner en Silésie par la même route qu'il avoit prise pour y venir.

Au moment que Mr. de Froloff Bagrejeu, apprit que les Ennemis se retiroient de Posen, il fit marcher les Colonels Dalke & Boutatzel, avec des Détachemens considérables de Troupes légères, pour les poursuivre, & pour observer les mouvemens des deux autres Colonnes Prussiennes, qui appuyoient de droite & de gauche celle qui étoit entrée à Posen.

Cent Hussars Prussiens du Régiment de Sezckuli, ont été surpris & faits prisonniers par les Hussars Russes & les Cosaques. Ils ont enlevé le Sieur Kleist, Capitaine de ces Hussars, qui étoit à Bouck pour acheter des Chevaux. Les Prussiens ont pris aux Russes deux Cosaques à Posen.

Vers ce tems-ci on publia par tout la *Declaration* suivante.

Decla-

Déclaration de l'Impératrice Reine au sujet des Officiers Saxons.

„ La Capitulation des Troupes Saxonnes & les fréquentes infractions que la Cour de Berlin y a faites elle même sont aussi notoires, que l'invasion de la Saxe, & l'Expulsion du Roi de Pologne de ses Etats héréditaires.

„ Les Officiers Saxons, réduits dans la Captivité Prussienne, & obligés la plûpart à promettre, par écrit, & sur leur parole d'honneur, de ne pas s'éloigner sans permission des Endroits, qui seroient fixés pour leur séjour, avoient sans doute lieu d'espérer avec confiance, que le Roi de Prusse rempliroit fidèlement la Capitulation, qui les rendoit ses Prisonniers, & qu'il leur accorderoit un traitement conforme aux règles de la guerre & de l'Equité naturelle.

„ Or il est indubitable, que ces règles obligent le Vainqueur de fournir, pour le compte des Vaincus, aux Officiers reçus Prisonniers par Capitulation, les nécessités de la vie au moins, si non l'équivalent des Appointemens attachés à leurs grades militaires.

„ Il est donc évident, que, sans agir ouvertement contre le Droit des gens, contre les coûtumes de la guerre, reçues par toutes les Nations & contre une Capitulation dictée par lui-même, le Roi de Prusse ne pouvoit refuser la subsistance aux Officiers Saxons, fi bien fondés à s'attendre à un Traitement tout oppofé à celui qu'ils ont éprouvé, de la part d'un Prince qui avoit déclaré à la face de l'Univers, que la Saxe ne feroit jamais pour lui qu'un dépôt facré. Ne devoient-ils pas de cette déclaration tirer la Conféquence jufte & naturelle, que S. M. Pruffienne, ne voulant fe rendre maître de la Saxe qu'à titre de dépôt, Elle s'engageoit, fans feulement avoir befoin de confulter à leur égard le Droit des gens & les Coûtumes générales des Peuples, à affigner leurs fubfiftances fur les Revenus confidérables des Etats de leur Souverain.

„Mais leur attente ayant été trompée, au point qu'on n'a pas fait la moindre attention à leurs demandes preffantes & réitérées, & qu'on a refufé à ces infortunés jufqu'aux befoins de la vie; ce refus ne detruifoit-il pas néceffairement toute obligation, qui réfultoit de leurs Engagemens? pouvoit-il leur refter des devoirs à remplir envers celui, qui leur ôtoit tous les moyens de vivre? Comment les Officiers Saxons auroient-ils pû fe croire liés par une Capitulation, dont leur Vainqueur ne rempliffoit pas feulement les Conditions, fans lefquelles il étoit moralement & phifiquement impoffible qu'elle fubfiftât? ou comment auroient-ils pu attribuër une force plus obligatoire à leur parole d'honneur, qu'à la Capitulation & aux ufages généraux de la guerre?

Dans

„ Dans une situation pareille, que leur restoit-
il à faire, si ce n'est de chercher leur subsistance ailleurs, ou de se déterminer, en étouffant
la voix de l'Honneur, de la Conscience, & de
la Religion, & en se couvrant de l'opprobre
du parjure & de la félonie, à se mettre au Service de Prusse, pour aller porter les Armes contre leur Prince naturel & contre leur Patrie?

„ Autant que ce dernier parti révolta la juste
délicatesse de leurs sentimens, autant le premier,
pour lequel ils se déterminèrent enfin, fut invo-
lontaire: Et, si l'on ne suppose pas, que le Roi
de Prusse a tacitement consenti à la Résolution
forcée qu'ils prirent, comment ce Prince pour-
ra-t'il, après avoir, de son propre mouvement,
invalidé l'obligation qu'ils s'étoient imposée
par leur parole d'honneur, éviter, que le Public impartial ne lui impute, dès le moment de
la signature de la Capitulation de Lilienstein,
l'intention de la violer en tout sens, même envers tout le Corps des Officiers Saxons, & d'employer contre eux la force & la violence, au
cas qu'ils ne voulussent pas se prêter à tout ce
qu'on éxigeroit d'eux?

„ En considérant ces circonstances, Sa Maj.
l'Impératrice Reine a cru non seulement, que
l'humanité exigeoit d'Elle de s'intéresser au sort
de ces infortunés; mais que les devoirs d'Amie
& d'Alliée de Sa Maj. Polonoise, & l'estime due
par Amis & Ennemis à des Militaires aussi fidè-

les

les à leur honneur, qu'à leur Maître, l'autori-
foient à les recevoir dans fes Etats héréditaires,
& à leur faire fournir la fubfiftance, jufqu'à ce
qu'ils rentraffent dans leur paye ordinaire en fe
replaçant dans les Troupes Saxonnes, qu'on raf-
fembloit alors, pour former ce Corps d'Infanterie, qui, en conféquence des arrangemens
pris avec Sa Maj. Très-Chrétienne, joignit enfuite l'Armée Françoife en qualité d'Auxiliaire,
& donna les preuves de la valeur la plus diftin-
guée.

„ Ce n'eft, peut-être, que cet évènement,
qui a déterminé la Cour de Berlin à publier fa
Déclaration en forme de Lettre avocatoire. Ce
qu'il y a de certain au moins, c'eft qu'elle n'a
paru qu'à la fin de l'année paffée. On y reproche aux Officiers Saxons d'avoir manqué à
leur parole d'honneur, en les menaçant des peines les plus rigoureufes, au cas qu'ils tardent,
au-delà du terme prefcrit, de venir fe remettre
au pouvoir du Roi de Pruffe. Mais l'Impératrice Reine efpère, que ce Prince reconnoîtra
lui-même la nullité de fes prétendues Lettres
avocatoires, auffi-bien que de toutes les mena-
ees, qu'elles renferment, & que fur-tout il ne
perdra pas de vûe les égards dûs à l'Etat Militaire. Les Officiers de toutes les Nations ne
pourroient qu'être fenfiblement touchés en
voyant les autres Puiffances forcées à établir un
ufage général fur l'éxemple de la Cour de Berlin

haut Bimbach
Bas Bimbach
Gleverell
Wigt
Boch. Drag.
Chemin de Stockhausen
Maberzell
FULDA
Housars nouv.
Pr. Freder.
Mont Sulzr
Regiment du P. de Braunsw.
Hessois
Inderf.
Grenau
Rodge
Oberod
Banger
Kohler
B. D'Mont S. Jean
Chem. de Lauterbach. Pr. Guillaume
Housars blanc
Malgas
Schisppehof
Mittrod
Edelzell
Sicode
Zirokebach
Reinhards
Metairie d'Engelheim
Naderrod

Explication.
A. Chemin par où les Alliés sont venus
Leur ordre de Bataille derrière Sulez
berg. C. Corps de Wirtemb. D. Marche en
avant de la Cavall. des Alliés. E. Hauteurs occupées par le Pr. Charles de Bevern. F. Attaque de
la Cav. Hanovr. G. Retraite des Wirtemberg. vers
Fulda. H. Batterie dont les Wirtemb. ont beaucoup souffert, qui traversèrent la ville de Fulde,
et sortirent par l'Endroit I. Le Pr. de Bevern
rompit le Pont K. et défila à l'entour de la ville L
ce qui obliga les Wirtemb. à forcer leur marche
M. mais ils furent atteints par la Cav. Hanov.
de Brunnzell N. ce qui obliga les Wirtemb:
à s'arrêter à O. où quelques uns de leurs
Bataillons furent forcés de mettre
bas les Armes.
Rack sc.

Plan de l'Affaire qui s'est passée près
de FULDE entre un Corps de Troup:
des Alliés sous le commandement du Pr. Héréd.
de Brunswick, et Juin Corps de Troupes Wirtembergeoises, comandées par S.A.S.Mgr.
Le Duc de Wirtemberg le 30. Nov: 1759.
Echelle d'une ½ heure.

lin & à réduire les Officiers faits prisonniers par
Capitulation à la cruelle alternative, ou d'aller
en parjures, & couverts d'infamie, porter les
Armes contre leur Patrie & contre leur Prince, ou
de s'attendre de la part du Vainqueur à la flétris-
sure la plus injuste, & même à la perte de la vie.

„ Si cependant il arrivoit contre toute attente,
qu'on entreprît d'éxécuter ces menaces, l'Impératrice Reine ne sçauroit, non plus que ses Alliés,
voir d'un œil indifférent maltraiter des Officiers
pleins d'honneur ; Et, dans ce cas, Elle se réserve le Droit d'user tôt ou tard de Représailles,
& de traiter de la même manière les Officiers du
Roi de Prusse, & ceux de ses Alliés.

„ C'est pour cet effet, que Sa Maj. a ordonné de publier la présente Déclaration à son Armée, aussi-bien que dans le Pays conquis sur la
Prusse, & de la faire insérer dans les Gazettes
publiques.

Les Chasseurs, soûtenus par les Grenadiers
de l'Avant-Garde de l'Armée Alliée, après avoir
repoussé les François des confins de la Basse-
Hesse poussèrent jusqu'à Fulde, & y desarmè-
rent la Garnison le 27. de Fevrier. Le 29. ils
s'avancèrent jusqu'à Bisschofsheim, où le Corps
du Prince Héréditaire de Brunswic arriva le jour
suivant. Le Duc George de Holstein marcha
dans le même tems sur Stochausen, & le Prince d'Isenbourg vint ici. On escarmoucha à

Haun-

Haunfeld; & les François furent délogés de Lauterbach. Le 31. le Prince Héréditaire, à la tête de deux Escadrons de Hussars Prussiens, attaqua le Régiment de Hohenzollern, Cuirassiers, & un Bataillon de Würtzbourg, qu'il avoit atteint au-dessus de Mölrichstadt. La Cavallerie de Hohenzollern prit la fuite, & laissa 65. Prisonniers entre les mains des Hussars. L'Infanterie de Würtzbourg eut en partie le même sort, & le reste fut sabré. Le Prince continuant sa marche, parut le 1. d'Avril devant la Ville de Meinungen avec 2. Bataillons de Grenadiers, & quelques Troupes légères. Deux Bataillons des Troupes de l'Electeur de Cologne, sçavoir celui du Corps & celui d'Elberfeld s'y rendirent prisonniers; & l'on y trouva un Magazin considérable. La Capitulation contient 18. Articles.

La Capitulation réglée, le Prince Héréditaire alla faire prisonnier de guerre le Bataillon de Nagel, qui avoit ses Quartiers à Wasungen. Le Comte d'Arberg y étoit accouru avec les Grenadiers Autrichiens & le Régiment de Hildbourghausen, pour dégager ce Bataillon; Mais il vint trop tard; Et, après avoir essuyé un feu très-vif, il se retira à la faveur de la nuit à Schmalkalden, & de-là par Subla. Les Chasseurs Hanovriens & les Hussars Hessois surprirent de leur côté à Tann les Régimens de Savoie & de Pretlach à la Messe, & leur tuèrent & blessè-

blessèrent bien du monde : Le Régiment de Sa-
voye y perdit aussi deux Etendarts. Les François furent délogés le même jour de Freyen-
steinau par le Duc de Holstein, qui fit à cette
occasion 58. Prisonniers, parmi lesquels se trouvent un Capitaine & un Lieutenant.

Aussi-tôt que les Troupes de l'Armée Alliée
se furent emparées de la Ville de Fulde & de son
territoire, le Prince d'Isembourg y fit afficher
l'Ordonnance suivante.

L'Armée du Roi de la Grande-Brétagne &
de ses Hauts Alliés s'étant mise en possession de
cette Ville Abbatiale, ainsi que des Terres qui
en dépendent, il ne convient pas que leurs Habitans entretiennent aucune correspondance ul-
térieure avec les Ennemis de Sa Maj. Britannique & de ses Hauts Alliés : C'est pourquoi, en
vertu d'un ordre exprès de S. A. S. le Prince
Ferdinand de Brunswic, Veld-Maréchal commandant des Troupes, nous faisons défense à
toutes Personnes, tant Ecclesiastiques que Civiles, de n'avoir, dès-à-présent & à l'avenir, aucun Commerce de Lettres, ou aucune liaison
suspecte avec les dits Ennemis, sous peine aux
Contrevenans d'être punis sans misericorde &
avec toute la rigueur que dictent les Loix Militaires.

„ De plus, nous ordonnons au nom de Son
Alt. Sérénissime, que tous & un chacun, sans
distinction de rang, tant Bourgeois que gens
de

de la campagne, ayent à apporter à l'Hôtel de
Ville, dans le terme de deux fois vingt-quatre
heures, à compter de la date des Présentes,
toutes les Armes, qui se trouvent dans le Pays,
aucune forte ou espèce exceptée, & dont il nous
fera remis une Liste éxacte, fous peine, au cas
qu'à la visite, qui se fera ci-après, il se trouve
que l'un ou l'autre des Sujets foit furpris avoir
retenu ou célé quelque Arme à feu, ou autre
quelconque, il expiera fa désobéissance par les
châtimens les plus févères.

 „ En outre, on exhorte, par les Présentes,
tous Officiers civils, Juges, Baillifs, Commis,
& Subftituts, à nous donner connoissance au
plûtôt des Nouvelles qu'ils apprendront des Ennemis, ne fût-ce que de la découverte d'une fim-
ple Patrouille.   Au cas que quelqu'un d'entre
eux néglige d'en donner avis à tems, il fera puni éxemplairement : au-lieu qu'en fe confor-
mant à notre Ordonnance de maniére à ne nous
donner aucun fujet de mécontentement, & en
fourniffant ponctuellement au Sr. de Meyen,
Directeur de la Chambre, les Rations & Portions, auxquelles ils ont été taxés, ils éprouve-
ront les effets de la promesse, que nous leur
faifons de la part de S. A. S. le Prince Ferdinand de Brunfwic, non feulement que nous n'a-
vons aucun deffein de porter le mondre préjudice à eux, aux Etats, & aux Sujets du Pays;
mais encore que notre intention eft de les garantir

rantir de toute invafion & des funeftes fuites, qui en réfultent ordinairement : Que nous tiendrons les Troupes dans une bonne difcipline ; que nous aurons foin, qu'il ne foit fait tort à perfonne ; & que nous rendrons toute la juftice poffible à quiconque pourroit, contre toute attente, avoir lieu de fe plaindre : Que nous permettrons à tous les Habitans du Pays de profeffer librement leur Religion ; que nous en maintiendrons & protégerons l'éxercice ; qu'en un mot, s'il furvient des difficultés à ce fujet, nous les vuiderons équitablement, & ferons repentir ceux qui en feront les auteurs.

En foi dequoi, nous avons figné de notre propre main l'Original de la Préfente, pour être remis à la Régence de cette Ville, & envoyé dans les principaux endroits des Diftricts des Copies imprimées d'icelle, afin qu'elles y foient publiquement affichées, & que perfonne n'en prétende caufe d'ignorance.

Donné à *Fulde* le 30. Mars 1759.

(Etoit figné) JEAN CASIMIR, Prince d'ISENBOURG.

Dès le 16. Avril, le Corps commandé par le Baron de la Motte-Fouquet fe mit en marche de Leobfchutz, pour s'avancer fur Troppau. Auffitôt que les Autrichiens aperçurent les Huffars de Werner, ils quèittrent cette Ville en défordre, quoique le Général Simfchön y commandât

mandât une nombreuse Garnison. Ce Général fit sa retraite avec tant de précipitation, qu'il laissa après lui tout son Bagage & 7. gros Tonneaux remplis d'Uniformes, outre quantité d'autres choses. Cependant ils se formèrent derrière un Ruisseau au-delà de Troppau, faisant mine de s'y maintenir: Il y avoit 3. Bataillons, quelques Pièces de canon, un bon nombre de Dragons, & quelques Ulans; Mais le Colonel de Werner se jetta sur eux avec 300. Hussars, leur tua bien du monde, & dispersa le reste. Deux Capitaines & 3. Lieutenans y ont été faits prisonniers avec 315. Hommes d'Infanterie Hongroise, 12. Ulans, & un Prêtre Grec. Ce qui auroit été plus loin, si l'Infanterie Prussienne eut été à portée d'agir. La Garnison Autrichienne de Jägerndorf s'est aussi retirée à la hâte; Et 50. Hussars Prussiens l'ont remplacée.

Comme nous nous sommes fait un plan de rapporter simplement les faits avec ce qui s'en est dit de part & d'autre dans le tems, nous continuerons cette méthode impartiale comme la plus sûre & la plus convenable à des Mémoires pour servir à l'Histoire de ce Siecle.

La réussite de l'Expedition du Prince Henry dans la Bohême ayant fait beaucoup de malheureux par le dommage qu'ils ont souffert, ce Prince ne fut pas plûtôt retourné en Saxe, que Mr. le Maréchal Comte de Daun, dont le Quartier-Général étoit encore à Girschin le 23. Avril,

fit

fit rentrer dans l'Armée le Corps qu'il avoit détaché dans le Cercle de Buntzlau. L'Irruption
que firent les Prussiens dans la Siléfie Autrichienne n'y a pas caufé le moindre défordre. Le 21.
du même mois à fix heures du matin, ils quittèrent Troppau & les environs & fe replièrent
fur Neifs. Le Marquis de Ville, qui campoit
dans les environs du Village de Tefchen a envoyé les Troupes légères à leur pourfuite: elles
ont fait 2. à 300. Prifonniers & ont pris 2. piéces de Canon.

    Le 26. Avril le Veldt-Maréchal Comte de
Daun transféra fon Quartier-Général de Gitfchin à Sobfchitz dans le cercle de Königsgratz,
l'Armée s'aprochant de Trautenau. Le Prince
Ulric de Kinski, Lieutenant-Veld-Maréchal
partit en même tems de Vienne pour l'aller rejoindre en Bohême, l'Armée du Roi de Pruffe
reftoit fort tranquille, fon Quartier-Général
étant toûjours à Landshut. Le Général de Fouquet fe trouvoit avec fon Corps de Pruffiens près
de Leobfchütz, pendant que le Marquis de Ville,
s'étoit pofté avec le fien le 26. du même mois
à Pleifchnitz près de Jägerndorf, d'où il pouffa fes patrouilles jufqu'aux Portes de Neifs dont
la plus grande partie de la Garnifon joignit Mr.
de Fouquet.

    Le 17. d'Avril le Lieutenant-Général de Pla-
ten fit une Expédition fur Hoff, il fit à cette
occafion Prifonniers un Officier & vingt quatre
hommes

hommes les Autrichiens se retirèrent à Mun-
chenberg. Après avoir tenu de ce côté l'Ennemi en échec, les Prussiens se sont retirés dans
leurs Quartiers autour de Zwickau.

Le Marquis de Ville, Général de Cavalerie, qui commandoit en Moravie sur les Frontières de la Siléfie, s'étant avancé le 29. d'Avril
jusques sur les Hauteurs, nommées Huth-Bergen
près de Zuckmantel, y apprit, que le Roi de
Prusse marchoit en personne de Neifs par Neustadt, avec 30. mille Hommes d'Infanterie, 10.
Régimens de Cavalerie, & un train de grosse
Artillerie, jugeant que cette marche pouvoit
n'avoir pour objet que de masquer les Troupes Autrichiennes pour pénètrer en Moravie par
Jägerndorf, il crut qu'il étoit de la prudence
de se mettre dès le jour même en marche sur
Hermanstatt, & de-là le lendemain de grand
matin sur Freudenthal, pour prévenir l'Ennemi,
& lui disputer le passage à Hartau: mais le véritable dessein du Roi de Prusse s'étant en quelque façon développé, Mr. de Ville s'est arrêté à
Hermanstat, d'où il a étendu ses Troupes légères depuis Albersdorff jusqu'à Meydelberg,
pour observer les mouvemens des Prussiens.

No. V.

MEMOIRES
POLITIQUES & MILITAIRES
POUR SERVIR à
L'HISTOIRE
DE NOTRE TEMS.

No. V.

OPÉRATIONS DES ARMÉES IMPÉRIALES & DE LEURS HAUTS ALLIE'S, EN 1 7 5 9.

A en juger par la manœuvre des Pruſſiens, ils ont voulu, profitant de la ſupériorité du nombre, ruiner le Corps du Marquis de Ville: mais celui-ci s'étant retiré dans les Montagnes, & ayant paſſé les Défilés jusqu'à Hermanſtatt, le Roi de Pruſſe, de ſon côté, s'eſt retiré dans le Camp qu'il occupoit ci-devant à Oppersdorff, ne laiſſant que 7. à 8000. Hommes à Ludwigs-dorff, vis-à-vis de Zuckmantel, ſans qu'il ait fait d'autres mouvemens.

Le 2. May le Veld-Maréchal Comte de Daun établi ſon Quartier-Général à Schurtz. Les Poſtes de Weckersdorf & des environs furent changés: le Général de Vogelſang s'en eſt retiré pour ſe porter à Peckau, d'où le Général Beck a paſſé à Politz. Le Corps d'Armée, qui étoit

c

dans

dans ces Quartiers-là, montoit à plus de 20. mille Hommes.

Le Marquis de Ville, marchant droit au Genéral de Fouquet, s'étoit porté par Jägerndorff à Liebenthal; mais les Prussiens n'ont pas jugé à-propos de l'attendre: Ils se sont repliés de Leobschütz jusqu'aux environs de Neustadt. Les Autrichiens ont donné sur leur Arrière-Garde; & les Ulans, au service de Saxe, ont tué ou pris 120. Hussars du Régiment de Werner avec le Major, un Capitaine, & un Cornette.

Le Prince Henri de Prusse arriva à Dresde de Sedlitz le 27. d'Avril, & partit le soir pour l'Armée qui marchoit par les Montagnes vers la Franconie avec un train considérable de grosse Artillerie & de Pontons. Il ne resta dans ces Quartiers-là, que 7. à 8000. Hommes, qui occupoient les Hauteurs de Maxen & Dippoldswalde. Tous les Bâtimens & Barques, qui étoient sur l'Elbe entre cette Capitale & Pirna, furent conduits à Dresde le 28. par ordre du Comte de Schmettau, Gouverneur de la Ville; & ils furent placés sous le Pont. La Porte de Pirna fut fermée: mais les autres Portes restèrent ouvertes. Quant à la Ville de Pirna, elle fut entièrement abandonnée, parce que, depuis la démolition des Fortifications de Zonnenstein, les Troupes ne pouvoient plus s'y maintenir.

Les

Les Prisonniers de guerre, que l'on a fait sur les Autrichiens près de Pasberg, arrivèrent à Dresde le 25. au matin par Chemnitz sous l'escorte d'un Détachement de Cuirassiers : On les fit entrer en triomphe au bruit des Trompettes & des Timbales.   Il y avoit un Général-Major, 51. Officiers, & 1500. Soldats, outre plusieurs Chariots remplis de blessés, 3. Pièces de canon, & 3. Drapeaux.   L'Après-midi, on amena de la même manière 8. Officiers & 300. Soldats, la plûpart Hussars, avec plusieurs Chariots de blessés, qui venoient d'Aussig par Sedlitz.   Le 27. on envoya 300. de ces Prisonniers par eau à Magdebourg, où les autres devoient aussi être transférés successivement.

Le Corps du Général de Ville, qui s'étoit avancé jusqu'à Neustadt, avoit été renforcé par le Veld-Maréchal Comte de Daun, de façon qu'on paroissoit avoir dessein de se jetter avec des Forces supérieures sur le Corps du Général de Fouquet.   Surquoi Sa Majesté le Roi de Prusse fit marcher un Renfort à son secours, & s'y rendit même de sa Personne à la sourdine le 29. d'Avril, comme nous l'avons dit cy-dessus. Mr. de Ville en fut informé par quelques Déserteurs, & se retira tout de suite vers les Montagnes.   Le Lieutenant-Général de Seydlitz & le Général-Major de Werner l'ont poursuivi à la tête de la Cavalerie.   Ils atteignirent près de Zuckmantel un Corps de Croates, dont ils

ont

fabré 200. & fait prifonniers 200. autres avec leurs Officiers. Comme Mr. de Ville n'a point tenu ferme de ce côté-là, le Roi de Pruffe eft retourné à fa grande Armée près de Landshut.

Les Troupes Pruffiennes évacuèrent entièrement le 6. May le Mecklembourg. Celles de Ruffie, qui ont cantonné au delà de la Viftule, fe mirent en marche le 22. du mois d'Avril pour cette Rivière.

Les Pruffiens, répandus dans l'Electorat de Saxe, fe font raffemblés auffi, près de Zwickau & de Reichenbach, d'où ils pouffèrent de gros Détachemens jufqu'à Oelsnitz, Salbourg, & Schleitz. Ceux qui étoient à Leipzig, Torgau, &c. fe font avancés jufqu'à Géra & Altenbourg. Le Général de Hulfen, à la tête du Corps le plus confidérable, fe porta avec un train de groffe Artillerie & quantité de Munitions par Jena & Rudolftadt fur Saalfeld, pendant que le gros de l'Armée, commandé par le Prince Henri, campoit fur le grand chemin entre Zwickau & Reichenbach. Le Quartier-Général étoit à Zwickau, d'où il devoit être transféré à Taltitz. On n'avoit laiffé que de foibles Garnifons à Dresde, Leipzig, & Torgau; & l'on avoit tiré beaucoup de groffe Artillerie des deux premières de ces Villes : On avoit auffi tranfporté à l'Armée la plus grande partie des Magazins, qui étoient à Leipzig. De plus on avoit fait venir au Camp nombre de Chariots, tandis que

l'on

l'on s'y étoit débarraffé des Malades & des gros Bagages, que l'on a envoyés à Dresde.

Le 13. May les Pruffiens après avoir retiré leurs Troupes du Mecklenboug, fe font remis en campagne. Ils ont envoyé dans la Poméranie citérieure un gros Corps, pour y renforcer celui qui s'y trouvoit déjà, & qui étoit deftiné à s'oppofer aux Ruffiens, s'ils s'avançoient fur Neu-Stettin ou le long de la Warte vers l'Oder. Le Général de Schlaberndorf commandoit ce Corps.

Suivant ces difpofitions des Pruffiens, les Autrichiens prirent leurs mefures, comme on le voit dans la lettre fuivante écrite du Camp Autrichien d'Hermanftat.

„ Le 1. de May, vers les 6. heures du matin, le Roi de Pruffe parut à la tête d'une nombreufe Colonne de Cavalerie, ayant devant elle une petite Colonne d'Infanterie & les Huffars : furquoi nos poftes avancés compofés d'Ulans de Huffars,& de Croates, fe replièrent fur le Corps d'Armée aux ordres du Marquis de Ville, Général de Cavalerie, qui étoit rangé en Bataille.

„ Cependant on fut informé, que les Ennemis faifoient défiler pendant ce tems, 3. Colonnes d'Infanterie, couvertes par des Villages & par des Bois, dans l'intention de venir nous prendre en flanc, tandis que le Roi de Pruffe nous amuferoit avec les Troupes, à la tête defquelles il étoit. Sur cela, le Général Marquis de Ville prit le parti de faire fa retraite;

& il la fit dans le meilleur ordre, & en face de Sa Maj. Pruſſienne. La Cavalerie paſſa la première; l'Infanterie la ſuivit, & on laiſſa pour Arrière-Garde le Corps de Grenadiers, & les Piquets de Cavalerie. Les premiers Corps des Ennemis s'avancèrent juſques à notre Camp; Mais le feu de nos Grenadiers les arrêta; & le Roi, voyant qu'il avoit manqué ſon coup, rebrouſſa chemin. Nous avons appris depuis, que ſes Troupes réünies étoient fortes de 40. à 55. mille Hommes, & qu'elles menoient avec elles 30. Pièces de gros canon. Toute notre perte monte à environ 100. Huſſars, ou Croates, qui ont été coupés de leur Corps.

„Depuis ce tems, nous continuons de camper ici à 2. lieues de Zuckmantel, dans un Camp très-avantageux, &, pour ainſi dire, inacceſſible.

„ On aſſure, que le Roi a marché avec pluſieurs Régimens, pour faire tête au Veld-Maréchal Comte de Daun; & que les Troupes, qu'il avoit tirées de Neiſs, ſont rentrées en Garniſon dans cette Ville. On dit de plus que le Général Fouquet a auſſi repaſſé la Neiſs. "

Le Memoires des Priſonniers Saxons faits à Pirna par le Roi de Pruſſe & que nous avons rapporté cy deſſus, page 33-45. ayant attiré l'attention de toute l'Europe, l'Empereur donna à cette occaſion des Lettres Patentes à la fin d'Avril 1759. portant ce qui ſuit.

A tous

„ A tous Généraux, Officiers, Bas-Officiers,
& autres gens de guerre Saxons en général, &
à un chacun en particulier, sçavoir faisons par
les Présentes (comme il ne peut d'ailleurs être
ignoré d'eux) qu'en vertu du Résultat de l'Empire du 17. Janvier 1757. ratifié par Nous le
29. du même mois & de la même année, &
de plusieurs autres Ordonnances & Résolutions
ultérieures émanées à ce sujet, l'invasion violente
du Roi de Prusse, Electeur de Brandebourg,
dans l'Electorat de Saxe, & tous les procédés
hostiles commis ensuite contre le Roi de Pologne, Electeur de Saxe, & contre ses Troupes,
ont été déclarés, tant par Nous, que par les
Electeurs, Princes, & Etats de l'Empire, pour
une infraction violente de la Paix, profane &
un Soulèvement manifeste, & que ç'a été pour
arrêter cet attentant punissable, que l'on a mis
sur pié l'Armée d'exécution de l'Empire.

„ Tout le monde doit donc en conclure naturellement, & sans qu'il soit besoin d'antre explication, que la prétendue Capitulation extor-
quée par une violence aussi injuste, & aussi
outrée de Vous, Généraux, Officiers, Bas-
Officiers, & autres Gens de guerre de l'Electeur
de Saxe, le 16. Octobre 1756. peu de tems
avant le dit Résultat de l'Empire, est nulle & de
nulle valeur, par-raport à Nous & à l'Empire ;
& que, par conséquent, elle doit être regar-

dée comme un Acte sans vigueur & nullement obligatoire.

„Quiconque prétendroit donc attribuer la moindre force à cet Acte nul, & se soustraire par ce moyen à ce que lui dictent son devoir envers Nous & l'Empire, & nommément Nos Avocatoires des 13. Septembre 1756. & 22. Août 1757., ou s'oublier jusqu'à servir parmi les Gens de guerre du Roi de Prusse, Electeur de Brandebourg, seroit censé vouloir prendre part à la mauvaise Cause du dit Electeur de Brandebourg & s'exposer par-là volontairement aux peines statuées par les dites Avocatoires.

„Cependant, afin que personne ne puisse s'excuser sur son ignorance, ou sur le défaut d'information & de lumières, on vous notifie publiquement & surabondamment par les Présentes à Vous, sus-dits Généraux, Officiers, Bas-Officiers, & Soldats Saxons, tout ce que ci-dessus, & sur-tout la nullité de la dite Convention, vous faisant savoir en même tems, que le Roi de Prusse, Electeur de Brandebourg n'a aucun droit de la reclamer, ou en conséquence d'icelle de vous traiter en Prisonniers de guerre, qui ont capitulé, ou bien (ainsi qu'il est arrivé, comme Nous en sommes informé par des raports dignes de foi) de vous détourner de votre devoir & du Service (où vous vous êtes jusqu'à présent conduits avec tant de bravoure & d'une façon si digne d'éloge) par des

préten-

prétendues Patentes avocatoires, ou enfin de telle autre maniére que ce foit.

„A ces Caufes, on notifie à tous en général, & à un chacun en particulier, que quiconque, contre toute attente, voudroit, fous un femblable prétexte, s'écarter de fon devoir, devra s'en prendre à foi-même, s'il eft regardé & puni comme perturbateur de la tranquilité de la Patrie, & comme complice & participant au Soulèvement. Un chacun doit donc fe régler en conféquence, & être inftruit, que la prétendue Capitulation de Königftein, & les prétendues Patentes, que le Roi de Pruffe, Electeur de Brandebourg, a fondées fur cette Capitulation, ne pourront le rendre excufable en aucune façon, ni le décharger des peines portées par les Loix de l'Empire & par nos Avocatoires, & c'eft à quoi vous aurez à vous conformer.“

L'Armée Ruffienne qui s'étoit mife en mouvement le 22. Avril paffa le 27. & le 28. la Viftule; & la groffe Artillerie la fuivit le 29 pour s'aprocher de l'Oder. Sur cela le Roi de Pruffe dépêcha 25 hommes par Compagnie de fa grande Armée pour aller à la rencontre des Ruffiens. On faifoit monter ce Corps à 20 mille hommes. Au commencement de May il arriva à Posnan un Corps de Ruffiens d'environ dix mille hommes qui ne fe difpofoit pas encore à avancer. Il n'y avoit que quelques partis qui faifoient des courfes fur les frontières de la Siléfie du Côté de Breslau. Par leurs dé-marches, les Ruffiens faifoient juger qu'ils n'é-toient pas encore prêts à faire dans les formes l'ouverture de la Campagne, cependant il y avoit dans les environs de Glogau un Corps de 15000. Hommes de Troupes Pruffiennes, prêt à marcher à leur rencontre auffitôt qu'il en feroit befoin. Le Général de Wobernow comman-doit ce Corps, qu'il étoit facile de renforcer de la grande Armée du Roi en fort peu de tems.

Pendant que les Armées Ennemies ne fai-foient que s'obferver du côrée de la Siléfie, celle de l'Empire ne faifoit pas non plus de grands pro-grès. Dès la fin du mois de Mars, les Regimens, qui cantonnoient, fe refferrèrent, & prirent leur pofition entre Schweinfurth & Münchsberg. Au commencement d'Avril ils la changèrent. On traça trois Camps pour l'Infanterie, l'un à Afch, l'autre près de Munchsberg, & le dernier à Stadt-Reinach. Le Comte de Ma-quire, Lieutenant-Veld-Maréchal, com-mandoit le premier; Mr. de Haddick, Géné-ral de Cavallerie, le fecond; & le Prince Chri-ftophe de Bade-Dourlach, Général d'Infanterie, le troifième. La Cavalerie cantonna dans les Villages les plus commodes pour fa fubfiftance.

Le 2. de May, le Quartier-Général fut trans-porté de Bamberg à Scheslitz, le 3. à Caffendorf, & le 4. à Culmbach. Le Général de Kleefeld refta avec fes Troupes légères à Hoff pour couvrir cette pofition. Le Général de Ried s'eft avancé vers
Lich-

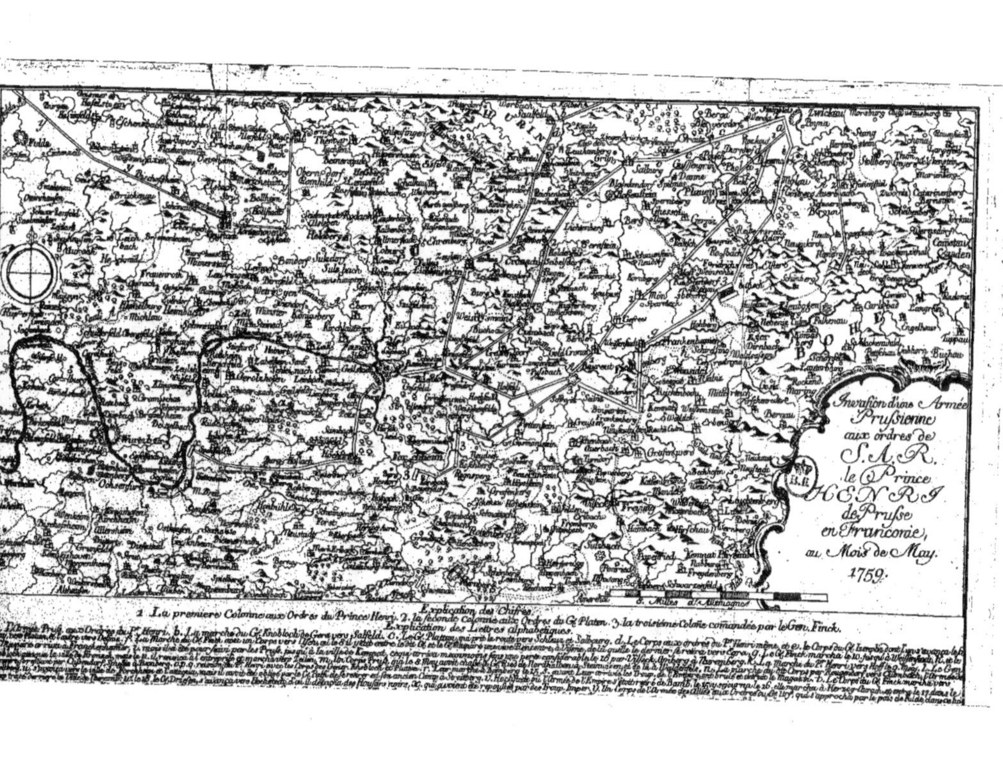

Invasion d'une Armée
Prussienne
aux ordres de
S. A. R.
le Prince
HENRI
de Prusse
en Franconie,
au Mois de May.
1759.
8. Milles d'Allemagne.
Explication des Chifres.
1. La premiere Colonne aux Ordres du Prince Henri. 2. la seconde Colonne aux Ordres du Gl. Platen. 3. la troisiéme Colone comandée par le Gen. Finck.
Explication des Lettres alphabetiques.

au Mois de May.
1759.

Lichtenberg & Nordhalben ; & le Comte Ro-
dolphe Palfi , Lieutenant - Général, qui commandoit toute l'Avant - Garde , prit fon Camp
à Birck, d'où il a fait plufieurs Détachemens,
pour être averti des mouvemens de l'Ennemi.
Le Colonel de Weczei s'eft pofté entre Hammel-
bourg & Bifchofsheim avec le Régiment de
Czeczéni, Huffars, pour couvrir la Franconie
du côté du Pays de Fulde ; & l'on mit garnifon à Schweinfurth, Königshofen, & Rofenberg.   Mr. de Weczei enleva , fans qu'il
lui en ait rien coûté, un Lieutenant & 16. Huffars ennemis ; & l'on apprit par fon moyen,
que les Alliés avoient encore leur Quartier - Général à Ziegenhain ; Qu'ils avoient renvoyé
leurs Bagages à Caffel ; Que leurs bleffés &
leurs malades avoient été transportés à Mun-
den ; & qu'ils avoient des Poftes avancés à
Nieder-Aula & Hirfchfeld.

Enfin un Corps de 8000. hommes de l'Armée
du Prince Ferdinand de Brunfwic pénétra par
Geifs & Thunn jusqu'à Neuftadt fur la Saal pendant que deux Colonnes de celle du Prince Henri
ayant paffé la Saal près de Saalbourg &
Saalfeld, obligea le Général de Ried de fe
retirer de Nordhalben où il étoit avec 1500.
hommes pour n'êtrepas envelopé (*).   Il y fut cependant attaqué le 8. de May; Et, après un
Combat très-opiniâtre , il fe replia fur Stein-
wiefen,

(*) Voyez ci-joint *la Carte de cette Marche.*

wiefen, où on l'attaqua de nouveau le lendemain.   Comme on lui avoit envoyé un Renfort du Camp de Steinach, il repouffa l'Ennemi, & fe foûtint jusqu'au foir; Mais voyant
que celui-ci vouloit le tourner par les flancs, il
fit fa retraite à Waldenfeld.

Le 9. le gros de l'Armée Pruffienne fous les
ordres du Prince Henri marcha fur Hoff, &
força le Lieutenant-Général Palfi, qui avoit
tout fon Corps fur les Hauteurs de Birck, de
fe retirer jusqu'à Hornberg.

Dans ces circonftances, le Prince de Deux-
Ponts affembla le 10. de grand matin les Troupes, qui avoient campé à Steinach & Munchsberg, dans le Camp de Culmbach.   Le Général Palfi fut placé du côté de Kupferberg, &
le Général Ried à Steinach.   Comme la Colonne ennemie, qui avoit campé à Birck, s'é-
toit portée à Gefrées, le Général Riedefel quita Berneck, & alla avec fes deux Régimens
prendra pofte du côté de Himmelcron.   Le
Corps Pruffien, qui avoit pouffé le Général Ried,
campa près de Cronach fous les ordres du Général de Knoblauch.   Ce dernier fit tout de
fuite fommer la Ville, ainfi que le Château de
Rofenberg; &, fur le refus que le Lieutenant-
Colonel de Bufeck, qui y commandoit, fit
d'entrer en négociation, on canonna la Place:
Ce qui dura jusqu'à la nuit.

On

On apprit le même jour, qu'un Corps de 12000. Hanovriens & Hessois, aux ordres du Prince Héréditaire de Brunswic, rentroit par le Pays de Fulde dans celui de Würtzbourg; Que le Colonel de Weczei, après avoir repoussé leur Avant-Garde, & fait quelques prisonniers, avoit été obligé, à l'approche de tout le Corps, de se retirer de Bischofsheim à Neustadt; & que l'Ennemi s'avançoit même sur Königshoffen.

Vû toutes ces circonstances, l'Armée quita le 11. à la pointe du jour le Camp de Culmbach, & vint occuper celui de Casendorf. Le Corps du Général Palfi la remplaça. Le Général Ried prit poste près d'Altenkunstadt, le Général Riedesel sur les Hauteurs derrière Himmelcron, & le Général de Bretlach avec 3. Régimens de Cavallerie à Lichtenfels; pour faire occuper Staffelstein.

Un Corps de 10. mille Hommes, détaché de la Colonne du Prince Henri, attaqua le 8. le Général Maquire à Asch. Il s'y soûtint toute la nuit. Les Régimens de Vieux-Modène & de Luzinski, sous les ordres du Prince de Lobkowitz & de Mr. de Luzinski, repoussèrent la Cavallerie Prussienne; Mais, comme l'Ennemi se disposoit à une nouvelle attaque avec une supériorité de forces trop décidée & sur-tout en grosse Artillerie, le Général Maquire se replia par Haslau sur Egra pour ne point perdre

la Communication avec la Bohême. Son Arrière-Garde fut attaquée le Regiment de Salm
a entre autres beaucoup foufert. Le Prince de
Salm, Colonel, qui la commandoit, ayant eu
le malheur de tomber avec fon Cheval, fut fait
prifonnier; & Mr. Löwenfeld, Capitaine de
fes Grenadiers, tué. Cette affaire a coûté aux
Troupes Imperiales 200. Hommes : Elles ont
fait plufieurs Prifonniers, que l'on a conduits à
Egra, où Mr. de Maquire a refté toute la journée fuivante ; Mais l'Ennemi s'étant retiré du
côté de Hoff, ce Général fe porta le 10. vers
Franckenhammer, pour tâcher de rejoindre
l'Armée.

Le Prince Ferdinand de Brunfcwic agiffant
de concert avec le Prince Henry de Pruffe, &
l'Armée de l'Empire étant le point de vûe de
leurs deffeins, le Maréchal de Contades raffembla fes troupes à Calcar, Burich, Duffeldorp &
Deutz, pendant que la plus grande partie de la
Cavallerie étoit allée camper à Arcen fous les
Ordres du Duc de Briffac. Mr. de St. Pern
commandoit à Calcar, le Duc de Chevreufe à
Burich & le Comte de Noailles à Deutz. Ce
dernier reçut ordre de faire défiler des Troupes
du côté de la Lahn.

Le 12. May le Prince de Salm fut conduit
prifonnier à Leipfic, avec plufieurs autres Officiers Autrichiens. Ils furent fuivis des 1500.
autres Prifonniers faits le 8. entre Hoff & Afch ;
parmi

parmi lesquels se trouverent 100. Cuirassiers de l'Armée de l'Empire.

Le Quartier Général des Prussiens en Silésie étoit établi à Deutschkamitz. Le Baron de la Motte Fouquet, Général d'Infanterie, après avoir passé avec son Corps le Hotzenplotz, s'étoit retiré vers Neiss dans la vûe d'attirer celui du Marquis de Ville dans la Plaine: Mais ce dernier, quoique de beaucoup supérieur en nombre, n'avoit pas jugé à-propos d'accepter la partie, & s'étoit posté dans les Montagnes près de Zuckmantel. Dans ces entrefaites, le Roi arriva à l'improviste le dernier Avril avec quelques Régimens de Cavalerie; & le lendemain, Sa Majesté voulut l'attaquer du côté de Zuckmantel. A cet effet, elle fit avancer de bon matin quelques Bataillons de Grenadiers, soutenus de Dragons & de Hussars; mais le Marquis de Ville ne les attendit point, & se replia par les Montagnes sur Würbenthal. Le Roi, à la tête des Hussars, soutenus du seul Bataillon Franc de Lüderitz, atteignit cependant son Arrierre-Garde, dont tout un Bataillon de Croates fut coupé & entièrement ruiné: On en sabra plus de 200. & l'on en fit prisonniers 190. y compris 2. Capitaines & 4. Lieutenans. Les Prussiens disent n'avoir eu que 2. morts & 9. blessés.

Le Général-Major de Werner fut détaché le 6. de ce mois avec quelques Grenadiers & Hussars, pour surprendre le Général Renard,

qui

qui fe trouvoit pofté avec des Ulans & des Croates dans les Montagnes & les Bois au delà de
Neuftadt : Ce qui lui réüffit, au point que non
feulement il les chaffa des Bois & dès abbatis
près de Hennersdorff ; mais il en tua auffi un
bon nombre, & fit prifonnier le Lieutenant Sa-
xon de Kotfchitski, Aide de Camp du Général
Renard, avec 50. Ulans, Rafciens, & Croates,
dont la moitié moururent peu-après de leurs
bleffures.   On a auffi pris une cinquantaine de
Chevaux.   Les Pruffiens pertirent 3. morts & 5.
ou 6. bleffés. Le Marquis de Ville étoit toûjours
dans les Montagnes, où fon Corps s'étendoit depuis Hermftadt jufqu'à Würbenthal.

Auffi-tôt que le Veld-Maréchal Comte de
Daun fut arrivé de Vienne au Quartier Général
de Munchen-Gratz, il fe donna tout entier aux
arrangemens néceffaires pour qu'il n'y eût point
de retardement dans les Opérations.   La faifon
cependant ne permettant point aux Troupes de
fe mettre fous la toile, elles furent difpofées de
façon qu'elles fe trouvèrent plus concentrées,
& en état d'être rendues en 24. heures au point
de réünion fixé.   Mr. le Maréchal, en attendant, fit un tour à Trautenau & du côté de
Braunau : Il y vifita les Poftes avancés, reconnut les environs, examina les Ouvrages & les
Retranchemens, & donna les Inftructions néceffaires aux Lieutenans-Généraux de Laudon & de
Beck, qui commandoient dans ces Quartiers-là.
No. VI.

MEMOIRES
POLITIQUES & MILITAIRES
POUR SERVIR à
L'HISTOIRE
DE NOTRE TEMS.

No. VI.

OPÉRATIONS DES ARMÉES IMPÉRIA-LES & DE LEURS HAUTS ALLIÉS EN 1759.

Le C. de Daun, de retour le 1. May sortir des à son Armée, la fit cantonnemens pour occuper le Camp tracé entre Schurtz & Jaromirtz. Le 2. tous les Régimens prirent leur position; & ceux, que commandoit le Comte de Harsch, Général d'Infanterie, entrèrent dans le Camp, qui leur avoit été marqué entre Nochod & Neustadt. On apprit ce jour-là, que le Roi de Prusse menoit au Général de Fouquet un Renfort considérable, tiré de Landshut & de Franckenstein; Mais on fut en même tems informé de la part du Marquis de Ville, qu'il n'avoit rien à craindre, quoique l'Ennemi lui fût de beaucoup supérieur.

Le 3. Mr. le Maréchal se rendit au Camp, & fit la Revûe de tous les Régimens, qui

étoient

étoient en bataille pour cet effet. Mr. de Laudon manda ce jour-là, que du Comte de Bethlem, Colonel commandant le Régiment de Kalnocki, Huffars, avoit attaqué avec quelques Huffars & Dragons, les Poftes de Liebau & de Buchwalde, dont il avoit tué 10. ou 12. Hommes, & fait un prifonnier: Surquoi les Huffars ennemis s'étoient retirés derrière leur Infanterie, près de Liebau dans des Retranchemens adoffés à une Montagne. Un des Détachemens, qui a marché fur Schmidberg, enleva auffi 9. Chevaux de Huffars Pruffiens.

Le 4. après-midi, le Comte de Daun parcourut à cheval le Camp & les environs. On apprit le même jour le retour du Roi de Pruffe à Landshut; & que les Troupes, qu'il avoit menées au Général de Fouquet, étoient rentrées dans les endroits d'où on les avoit tirées.

Le 7. on apprit, que le Comte de Schmetau, commandant à Dresde, avoit fait fignifier le 4. aux Habitans des Fauxbourgs de cette Capitale, de fauver leurs Effets dans la Ville, & aux Bourgeois de pourvoir à la fûreté des leurs, parce qu'il avoit ordre de mettre le feu aux Fauxbourgs, au moment que la Vedette, placée fur la Tour, nommée Creutz-Thurn, apercevroit l'Armée Autrichienne à 2. lieues de Dresde, à quelle occafion la Ville même pourroit bien ne pas être épargnée. On avoit déjà rompu à Dresde le Pont de la Porte de Pirna, qui étoit abfolument

ment fermée, ainsi que celle nommée Schwartz-Thor.

Le 8. May le Comte de Daun fit mettre la Cavalerie en bataille, & la fit manœuvrer. Le même jour, on fut informé, que l'Armée du Roi de Prusse, qui avoit cantonné jusqu'alors, campoit en partie. On assûroit aussi que S. M. Prussienne continuoit d'être en personne à Landshut, où le Margrave Charles étoit arrivé, ainsi que le Prince Frédéric de Würtenberg.

Le 9. on eut avis, que les Ennemis faisoient de nouveau beaucoup de marches & de contre-marches, sans qu'on pût pénétrer ce qu'ils se proposoient. En attendant, on se tenoit toûjours fort tranquile dans la même position.

Le Roi de Prusse ne s'étoit pas plûtôt vû maître de la Saxe, que pour se concilier les esprits, qui traitoient cette Conquête d'usurpation, il se déclara le Protecteur de la Saxe, assûrant qu'il n'y auroit que le nom d'Auguste changé en celui de Frédéric, & promettant que le Pays jouïroit de tous ses Priviléges, libertés & franchises; qu'ainsi il se contenteroit du revenu ordinaire du pays, pour fournir aux fraix de la guerre; mais comme ils devinrent toûjours plus grands, par les suites d'une guerre fort onéreuse, pour un Prince dont les Etas étoient naturellement trop bornés pour son ambition, entre autres expédiens, il eut recours à celui qui, dans tous les Etats policés de l'Europe, a été traité de crime du

premier

premier ordre, pour les Particuliers qui ont ôſé les employer. Ce fut de faire fabriquer de nouvelles Eſpéces & même ſous les mêmes empreintes des bonnes Eſpéces de Saxes, mais de valeur intrinſeque, fort au deſſous des dites bonnes eſpèces. Les nouvelles Eſpèces de faux alloi ne furent pas plûtôt fabriquées & répandues dans l'Empire, le public, que s'en plaignit hautement, & les Banquiers & Négocians firent connoître à la Cour de Vienne le tort qu'elles faiſoient au commerce. Un cas ſi grave engagea cette Cour à publier une Patente, portant en ſubſtance : " Que le cours des Frédé-
„ rics d'Or, au coin du Roi de Pruſſe, frappés
„ depuis l'an 1750. avoit été fixé l'an 1755.
„ à 7. Florins, 12. Kreuzers, ſuivant leur va-
„ leur intrinſèque ; mais que quantité des mê-
„ mes Eſpèces, frappées les années 1756. &
„ 1757. avec quelque changement au coin,
„ & une diminution de valeur intrinſèque de
„ 2. Florins, 1. Kreutzer, par chaque Pièce,
„ s'étant depuis répandue dans le Public, Sa
„ Maj. Imp. & Royale avoit jugé néceſſaire,
„ pour prévenir la perte qui pourroit en ré-
„ ſulter, de les déclarer abſolument non cour-
„ ſables. Les Pièces, frappées par le Roi de
„ Pruſſe, au coin du Roi de Pruſſe, & au coin
„ du Roi de Pologne, Electeur de Saxe,
„ portant date de l'an 1755. & nommées Dop-
„ pien, ſont également prohibées par la rai-
„ ſon

„ fon d'une non-valeur de 2. Florins, 5. Kreut-
„ zer, par pièce.

A ce qui a été raporté plus haut de l'affaire de
Hoff nous ajouterons les circonstances fuivantes.
Le Général-Major de Knobloch, qui marchoit à la droite par Saalbourg, arriva le 10.
May fur les Hauteurs de Cronach. Comme
les Autrichiens avoient quitté dès le 9. après-midi
leur Camp avantageux & retranché de Munchsberg, l'Armée Pruffienne l'occupa d'abord, &
étendit fes Troupes avancées jufqu'à Gefrefs.
Cette Colonne donna à droite fur 90. Hommes, qui s'étoient cachés dans un Bois, d'où
ils tirèrent. On entoura d'abord le Bois; &
toute la Troupe, qui étoit commandée par 4.
Officiers, fut obligée de fe rendre prifonnière.

Le Lieutenant-Général de Finck avoit pris
le même jour 10. par Weiftadt, pour couper
le Général Maquire: Ce dernier arriva avec fon
Corps le même foir à Franckenhammer, &
marcha toute la nuit pour fe fauver par Wonfie-
del, Nagel, & le Haut-Palatinat. Mr. de
Finck, qui avoit été renforcé de 2. Régimens
de Cavalerie, le fuivit pas à pas: Il ne put
néanmoins l'atteindre à caufe des Défilés: Cependant il fit le 11. jufqu'à 360. Prifonniers, y
compris 10. Officiers. Ce Corps avoit pris la
route de Nurenberg.

La grande Armée de l'Empire paffa le 11. par les
Défilés de Berneck, & vint camper à Penck à un

       mille

mille de Bareith; Mais l'Avant-Garde pouſſa juſqu'à Droſefeld. Le Général ennemi Riedeſel ſe trouvoit au-delà de Himmelscron avec un Bataillon de Cronach & le Régiment Palatin, Dragons. Le Général-Maj. Pruſſ., Meinecke, à la tête de ſon Régiment de Dragons, & le Lieutenant-Colonel de Kleiſt avec des Huſſars, l'y attaquèrent ſans attendre l'Infanterie, qui devoit les ſoûtenir. Une bonne partie des Troupes de Mr. de Riedeſel fut ſabré, & il ſe vit obligé de ſe rendre priſonnier avec 30. Officiers & 800. Soldats.

L'Armée de l'Empire, après avoir quité le Camp de Munchsberg, a marché nuit & jour par Culmbach, & ſe retira près de Bamberg, où elle campa le 13.; & le Général de Pretlach, qui avoit occupé avec 3 Régiments de Cavalerie les Poſtes de Lichtenfels & de Staffelſtein entra dans ce Camp en ligne. Le Général Palfi paſſa ſur les hauteurs de Scheslitz, & le Général Ried à Weismain.

Le Général d'Urff, Heſſois, s'étant approché de Königshoffen avec un Corps détaché de l'Armée des Alliés, eſſuya quelques volées de canon; & s'étant retiré derrière la Place, il la fit ſommer; mais le Général Draxdorff, qui y commandoit, lui répondit, qu'il la défendroit juſqu'à la dernière extrêmité: Surquoi Mr. d'Urff prit le parti de s'en retourner le lendemain à Meinungen.

Comme le Prince Henri s'avançoit, en attendant, de Bareith par Hohlfeld, pour ſe

join-

joindre apparemment près de Bamberg au Corps
du Général de Knobloch, le Prince de Deux-
Ponts décampa le 14. de Bamberg. L'Armée
paſſa la Regnitz, & vint camper aux environs
de Hochſtedt, où le Quartier-Général fut établi. Le Général Kolb reſta à Bamberg. Le
Général Ried à Seehoff; & le Général Palfi
marcha vers Forcheim, dont on avoit eu
ſoin de renforcer la Garniſon.

Le 14. May le Colonel Weczei avoit délogé
du Pays de Würtzbourg tous les Partis, que les
Alliés y avoient jettés; & après avoir fait 23.
Priſonniers, du nombre desquels étoient 3.
Officiers, il campa entre Eltman, & Wafsfurth.
Le Général Maquire étoit parti le 11. de Franckenhammer; l'Ennemi l'avoit ſuivi & harcelé
dans toute ſa marche juſqu'à Kemnat, où il
s'étoit même avancé pour l'attaquer dans ſon
Camp, d'où Mr. Maquire étoit parti le 12.
avant le jour, ſe retirant ſur Wilzeck, & de-
là le 13. ſur Amberg. Mr. de Finck, après
l'avoir bien harcelé, le quitta alors, pour aller
rejoindre le Prince Henry du côté de Bareith:
Surquoi le Général Maquire marcha vers Hart-
mans-hoffs; il reçut ordre de ſe rendre à Nurenberg, & le Général Augée vers Forcheim,
pour couvrir le Pont ſur la Regnitz; on l'a
renforcé d'un gros Détachement de Huſſars.

L'Armée de l'Empire en quittant Bamberg,
laiſſa 8000. Hommes ſous les ordres de Mr.

f 4   Kolb

Kolb pour la garde des Magazins. Mais les Pruſſiens s'en trouvant le 14 ſeulement à 2 lieues, le Général Kolb, s'en eſt retiré, après avoir ruiné & brûlé les Magazins ; & les Pruſſiens entrèrent dans la Ville le 16. au matin.

Le Prince Henri de Pruſſe alla camper avec ſon Armée entre Plauen & Oelsnitz. Le Baron de Gemmingen, Lieutenant-Veld-Maréchal, ſe porta avec ſon Corps de Bilin à Saatz, & envoya le Colonel de Törröck à Falckenau, & le Lieutenant-Colonel de Palaſti à Carlsbadt, pendant que le Général-Major de Brentano s'étoit avancé avec ſes Troupes légères juſqu'à Tuppau.

Le 11. au matin, environ 1600. tant Huſſars que Dragons Pruſſiens, ſuivis à quelque diſtance par 2. Régimens d'Infanterie, ayant avec eux 8. Pièces de canon, marchèrent aux Poſtes avancés du Lieutenant-Général de Laudon. Ils forcèrent les plus avancés à ſe replier, & leur bleſſérent 3. hommes ; mais, comme les autres Poſtes étoient ſoûtenus par les Croates, les Pruſſiens s'en retournèrent après avoir eu quelques Hommes bleſſés, & laiſsèrent un priſonnier. Les Déſerteurs ont raporté, que le Roi de Pruſſe s'étoit trouvé à ce Détachement. Il y a apparence, que S. M. ne s'étoit propoſé que de reconnoître. Et comme Elle craignoit quelque ſurpriſe, ſa Cavalerie avoit chaque jour ſes Chevaux bridés à minuit. L'Infanterie ſe

tenoit

tenoit sous les armes pendant la nuit; & ce n'étoit qu'au grand jour, qu'elle rentroit sous la toile. Les Autrichiens de leur côté, se précautionnoient aussi contre tout évènement.

Le 12. May le Baron de Gemmingen s'étoit posté à Rudig, & il avoit fait avancer davantage les Troupes légères de son Corps.

Le 13. pendant qu'on célébroit à l'Armée Imp. l'anniversaire de la naissance de l'Impératrice Reine, on reçut avis que l'Ennemi travailloit à embarrasser par des abbatis les chemins qui conduisent en Silésie & dans le Comté de Glatz, & qu'il faisoit conduire de fort loin des Arbres vers les endroits où il n'y a point de Bois.

Le même jour le Corps du Général Finck vint camper au delà de Bareith venant du haut Palatinat de la poursuite du Général Maquire. L'Armée Prussienne passa Bareith le 13. & se joignit au Corps du Général Finck & au détachement du Général Platen, qui avoit pris dès le 11. son Camp à St. Jean, pour couper le Corps du Général Maquire, s'il avoit pris le chemin de Bareith. L'Avant-Garde passa Drossenfeld, prit poste à Schönfeldt, & poussa un Détachement, pour s'emparer du Défilé de Hohlfeld, que quelques Pandures & Hussars occupoient, & qui se retirèrent au plus vîte. On fit sur eux une vingtaine de prisonniers.

Le Général Itzenplitz fut détaché du Camp de Penck vers Culmbach, pour prêter la main

au

au Général Knobloch, qui marchoit vers Lichtenfels. On a trouvé à Culmbach & Lichtenfels des dépôts de Vivres, que les Autrichiens avoient abandonnés. Les Généraux Itzenplitz & Knobloch se joignirent le 16. à Bamberg, avec un partie de l'Avant-Garde de l'Armée; les Autrichiens avoient abandonné leur Camp derrière la Ville, & pris leur marche sur Forcheim. Les Prussiens trouvèrent quelques, Pandures & Hussars dans la Ville de Bamberg, & y firent quelques Prisonniers. Les Autrichiens y ont abandonné un Magazin considérable, & en ont détruit pour plus de 200. mille Ecus. Cependant il y avoit encore 400. mille Portions de Pain & 100. mille Rations d'Avoine, sans ce qui étoit encore caché.

L'Armée Prussienne marcha le 17. & prit son Camp à Sachsendorff; & l'Avant-Garde prit poste à Streitberg & Ebermanstadt, d'où l'on détacha différens Corps pour ruiner les Magazins, qui restoient encore aux Autrichiens, & ayant poussé jusqu'à Kitzingen ils en vuidèrent le Magazin dans le Mein. La Ville de Würtzbourg se vit prête à subir les rigueurs de la guerre; il y étoit venu le 18. au soir un Renfort de 8. Bataillons; mais d'un côté les Hanovriens qui s'en aprochoient se sont repliés, & les Prussiens qui venoient par Kitzingen se sont retirés vers Closter-Eberach. Un autre de leurs Corps, qui avoit percé à Bayersdorf, est aussi retourné sur

ses

ses pas, ayant à sa poursuite le Général Haddik. Le Prince Henry s'étant fait rejoindre par tous ses Détachemens, quitta la Ville de Bamberg le 24. May à 4. heures du matin, reprenant la route de la Saxe, sur l'Avis qu'un gros Corps d'Autrichiens y étoit entré. Le Général de Brentano étoit déjà le 21. à Chemnitz & à Zwickau.

Le Prussiens avoient exigé 700. mille Ecus de l'Evêché de Bamberg, dont ils avoient reçu une partie, & ils emmenèrent comme Otage pour le reste, le Baron de Wenheim Stadhalter, & le Chancelier de Karg. La Ville & le Pays se ressentiront longtems de cette Excursion, les habitans y ayant été reduits à la dernière misère.

Le Comte de Betlhem, Colonel Commandant du Regiment de Kalnoki ayant été envoyé le 13. May avec 200. Hussars par le Général Laudon pour déloger les Prussiens de leur Poste à Buchwalde, à portée de Liebau, une trentaine de Hussars, que l'Ennemi avoit en avant, eurent le tems de se sauver; Mais tout le Piquet, consistant en un Officier, un Bas-Officier, & 30. Soldats, fut fait prisonnier; & l'on tua quelque monde à l'Infanterie. Le Comte de Betlhem eut un Homme & un Cheval blessés.

Les Prussiens étoient toûjours dans la même position, continuant de faire des marches & des contre marches; & le Roi de Prusse étoit encore à son Armée aux environs de Landshut.

Le

Le Quartier-Général du Maréchal Comte de Daun étant toûjours à Schurtz. Il faisoit éxercer continuellement l'Infanterie au feu, & la Cavalerie à manœuvrer.

Le 16. May le Baron de Gemmingen fit savoir à ce Général, que le jour précédent il avoit fait marcher vers la Saxe, Neideck & Platten, près de Johan-Georgen-Stadt, les Troupes légères sous les ordres du Général-Major de Brentano; & que lui-même il alloit entrer en Saxe avec tout son Corps.

Pour revenir à la retraite que fit le 15. le Général Kolb à l'approche de l'Armée Prussienne composée de 35000. hommes, qui s'avançoient sur trois Colonnes vers Bamberg, le Général Ried fit, dans cette retraite, l'Arrière-Garde, avec ses Troupes légéres & les deux Compagnies de Grenadiers de Varel & d'Efferen. Il disputa le terrein pas-à-pas, causant une perte considérable à l'Ennemi. Le Général Kolb se replia sur Sommerfeld. L'Armée quita le Camp de Hochstedt, & marcha à Hertzog-Aurach.

Le 17. elle entra dans le Camp tracé derriére la Ville de Nurenberg; & le Quartier-Général fut établi dans le Village de Schweinau.

Le 18. le Général Kolb rentra en ligne avec tout son Corps. Le Général Ried resta à Hertzog-Aurach. Le Général de St. André fut envoyé a Würtzbourg avec 8. Bataillons & un Détachement de Cavalerie; & le Colonel Weczei
reçut

reçut ordre de se porter avec son Corps à Kitzingen. Le Général Palfi de son côté, se retira
par Scheslitz & Hohfeld vers Forcheim, dont
la Garnison fut renforcée par un Bataillon de
Dourlach. Le Corps du Général Maquire, qui
étoit arrivé le 16. May aux environs de Nurenberg, étoit en attendant entré en ligne. Malgré les fatigues extraordinaires qu'il avoit es-
suyées, les Hommes & les Chevaux se trouvèrent en très-bon état; & il n'avoit perdu que
300. Hommes dans toutes les rencontres qu'il
avoit eu avec les Ennemis.

Ceux-ci firent le 19. un mouvement en avant
vers Forcheim: ce qui engagea le Général Palfi
à se placer avec le gros de ses Troupes dans le
voisinage d'Erlangen: il tint cependant ses Postes
avancés à Baiersdorf, Neukirchen, & Greven-
berg; & il poussa des Détachemens à Lauff &
Hirschbourg pour éclairer de près l'Ennemi.
Toute l'Avant-Garde, composée du Corps des
Grenadiers & des Régimens de Giulai, Lichtenstein, & Deux-Ponts, fut détachée avec
plusieurs Pièces de canon vers Erlangen sous
les ordres du Prince de Stolberg, Lieutenant-
Général de l'Empire, pour mieux soûtenir les
Troupes légères, & empêcher l'Ennemi de
pénétrer plus avant.

Le Général de Haddick alla le 20. se met-
tre à la tête de l'Avant-Garde. Le Général
Palfi s'étant jetté sur les Postes avancés des
Prus-

Pruffiens à Kuschenberg, les chaffa jufqu'à Streitberg. On leur fabra bien du monde; & l'on ramena 11. Prifonniers. Mr. de Haddick fit enfuite avancer Mr. Palfi jufqu'à Baiersdorf, en faifant occuper tous les Poftes, que l'Ennemi avoit abandonnés. Le Général Luzinski, qui avoit été envoyé dans le même tems à Hetzeldorff, occupa tout de fuite Regnitz, Pretzfeld, & Brezenftein, pour refferrer les Ennemis de tous côtés, & mettre des bornes à leurs courfes.

Le 21. May Mr. Lrenos, Capitaine de Huffars, alla reconnoître. Il rencontra un Détachement ennemi, qu'il attaqua; & l'ayant renverfé, il prit 1. Chirurgien, 1. Caporal, 13. Cuiraffiers, & 1. Huffar, outre 4. Chariots, attelés chacun de 6. Chevaux.

Les Ennemis qui étoient à Hohfeld & à Bamberg, ayant fait enfuite différents mouvemens, le Général Ried s'avança le 22. de Hertzog-Aurach jufqu'à Weidendorff, & occupa Seebach, & Callenbach. Surquoi tous les Poftes, que les ennemis avoient par-ci par-là, fe replièrent à la hâte fur Hochftedt.

Le 23. on fut informé de Würtzbourg de la part du Général de St. André, que, fur l'avis que les Pruffiens s'étoient tournés du côté de Kitzingen & de Marckbreit, pour y ruiner les Magazins: il y avoit envoyé le Colonel Weczei, que cet Officier avoit fabré 60.
Hom-

Hommes, & fait prisonniers 3. Officiers un Sergent, & 36. Soldats; & que les Prusſiens, dont la Cavalerie & les Huſſars étoient ſoûtenus par 2. Bataillons Francs avec 5. Pièces de canon, ſous les ordres du Colonel Wunſch, avoient été chaſſés de tous les environs, & pourſuivis juſqu'à Cloſter-Eberach, d'où ils s'étoient retirés avec précipitation juſqu'à Bamberg. Le Colonel Weczei entra enſuite dans Cloſter Eberach, & ſauva par-là les Magazins très-conſidérables de Kitzingen, Ochſenfurth, & Marckbreit; & par le ſuccès de cette Expédition, le Pays de Würtzbourg ſe trouva nettoyé d'Ennemis, & à l'abri des courſes.

On apprit en même tems, que la groſſe Artillerie & les Équipages des Ennemis étoient arrivés à Bareith ſous une bonne escorte d'Infanterie & de Huſſars: que cependant leur Armée campoit en deux Corps ſéparés à Hohfeld & Bamberg; & que le Prince Henri avoit pris ſon Quartier-Général dans cette Ville.

Le Comte de Dohna, Lieutenant Général d'Infanterie, partit de Berlin le 29. May pour Landsberg ſur la Warte. Le Général-Major de Schlaberndorf, qui s'étoit poſté avec quelques Bataillons & Eſcadrons à Stolpe, y avoit ſi bien retenu les Ruſſiens, que leurs Troupes légères n'avoient pas ôſé s'avancer beaucoup en deça des Frontières; Mais ce Général ayant quité Stolpe pour ſe rapprocher de la Nouvelle-Mar-

Marche, un Corps de 3000. Ruſſes avança par Butow à Stolpe le 22. du mois d'Avril; & ils détacherent auſſi quelques Troupes pour reconnoître du côté de Scslawe. Ce Corps n'eſt cependant reſté à Stolpe que juſqu'au 25. qu'il ſe retira vers la Viſtule, après s'être fait payer 8000. Ecus par cette Ville: En paſſant, ils ont emmené le Bétail des Villages, & ils en ont pillé pluſieurs.

Le 20. May le Roi de Pruſſe arriva de Landhut à Liebau dans la Luſace à 11. heures du matin avec une Suite nombreuſe, pour viſiter les Poſtes avancés, gardés par 2 Bataillons Francs d'Angelelli & de du Verger; & S. M. reconnut en même tems les trois Camps, que les Imperiaux occupoient, l'un ſur les Hauteurs Schatzlord, & les deux autres ſur celles de Kuntzendorf.

No. VII.

MEMOIRES
POLITIQUES & MILITAIRES
POUR SERVIR à
L'HISTOIRE
DE NOTRE TEMS.

N°. VII.

OPÉRATIONS DES ARMÉES IMPÉRIA-LES & DE LEURS HAUTS ALLIE'S EN 1759.

Les Troupes légères Autrichiennes, qui avoient plusieurs fois inquiété les Postes avancés des Prussiens, tentèrent le 2. May à 9. heures du matin une petite entreprise sur le Poste de Ditterbach. Trente Hussars de Nadasti y furent employés. Les Prussiens soutinrent l'attaque courageusement, & poursuivirent les assailans. Cent Hussars de Ziethen furent attaqués dans le même tems par 200. Hussars Autrichiens aux environs de Zepsdorff à un mile de Liebau, mais ils furent aussi obligés de se retirer avec perte d'un Lieutenant, qui fut tué, & de quelques Hussars blessés & prisonniers. Tout fut ensuite assez tranquile jusqu'à une heure après midi, que 50. Hussars rouges, marchant par les Défilés d'Ullersdorf & de Dittersbach, se vi-

g

rent

rent fusiller sans appercevoir les Autrichiens. Le Général d'Angelelli alla d'abord avec le Chef des Bataillons Francs les reconnoître; & 15. de ses gens ayant gagné la hauteur, découvrirent un Parti de Pandures, qui s'étoit caché. Les Prussiens eurent à cette occasion 8. Hommes de tués & plusieurs blessés.

Pendant ce tems-là, le Général de Laudon s'étoit avancé avec un Corps de 9. à 10. mille Hommes: Savoir 5. Bataillons de Pandures, 1. du Régiment de Plotz, 1. de Saxe Gotha, 1. de Wolfenbuttel, 1. du Prince Charles de Lorraine, & 1. de Witt, 2000. Chevaux pour le moins, 10. Compagnies de Grenadiers, & un Corps de Chasseurs. Ces Troupes se partagèrent en deux Corps, dont l'un déboucha à la droite par Königshayn & Dittersbach dans la vûe de repousser les Postes avancés en deçà de Liebau. La Cavalerie de ce Corps passa pour cet effet entre cette Ville & une Chapelle du voisinage, pour attaquer les deux Bataillons Francs, pendant que les Pandures tâchoient de gagner les Hauteurs, qui couvroient le flanc de la Cavalerie. Sur l'avis de ce mouvement, le Gén. Pruss. détacha d'abord quelques pelotons de du Verger, pour occuper ces Hauteurs: ce qui fut exécué, de façon que l'on empêcha les Pandures de passer plus avant. Les Bataillons s'y maintinrent, tant par le feu de leur Artillerie, que par celui de la Mousquéterie; &, par leur
résis-

réſiſtance, qui dura deux heures & demie, le Roi eut le tems de venir à leur ſecours: ce qui déconcerta le Projet du Général Laudon.

La ſeconde Diviſion des Autrichiens marcha par les Hauteurs ſur Buchwald. La Cavalerie avoit déjà pris poſte à l'endroit, d'où elle comptoit de couper les Bataillons Francs, les Huſſars, & les Dragons ennemis; Mais l'arrivée du Roi arrêta tout court cette opération; & il ne reſta aux Autrichiens que de penſer à ſe retirer auſſi facilement qu'ils s'étoient avancés, pendant que les Pruſſiens de leur côté s'arrangeoient pour tirer parti de leur retraite.

A cet effet, le Bataillon de du Verget, ſoutenu par celui des Grenadiers de Manteuffel, s'avança par la gauche; le Bataillon d'Angelelli, ſecondé par celui des Grenadiers de Keith, prit par la droite; & les Régimens de Würtemberg, de Krockau, & de Platen, Dragons, marchèrent entre deux par la Plaine, avec environ 200. Chevaux détachés des Régimens de Ziethen & de Seidlitz, Huſſars.

Cet arrangement n'eut pas cependant le ſuccès qu'on s'en étoit promis. Quelque diligence que l'on fît, il n'y eut pas moyen d'atteindre les Autrichiens. Ils éxécutèrent leurs retraite avec beaucoup d'ordre, & ne donnèrent pas le tems d'attendre le Corps du Général de Rebentiſch, qui devoit être de la partie: Ainſi, il fallut ſe contenter de quelques coups

 de

de canon & de fufil, que l'on tira fur eux, en
les pourfuivant jufqu'à Fuhrwerk à un mille
au-delà des confins de la Bohème: Mais on ne
put les poufſer plus loin, à caufe des Chemins
creux.

Leur deſſein étoit de prendre poſte dans
le voiſinage de Liebau. Ils avoient avec eux
quantité de Bagages & de Vivandiers. Les
Pruſſiens ont été paſſablement expofés pendant
cette petite Guerre. Plufieurs Boulets & Bales
des deux Partis font tombés aſſez près de la
Ville. Et on les a entaſſés au Cimetière. Les
Autrichiens n'ont été qu'un quart d'heure en
Ville. Cependant il s'y font fait fentir, le Ma-
giſtrat ayant entre autres été maltraité pour ſçavoir s'il s'y trouvoit quelques Officiers cachés;
Et l'on a commis quelques autres excès.

Quelque bien détaillés que paroiſſent les
mouvemens qu'il y eut près de Liebau entre
les deux Armées, dont on vient de lire la relation, nous avons jugé devoir y revenir encore,
chaque party y joignant ce qui l'intéreſſe particulièrement.

Comme l'Armée Pruſſienne continuoit de
faire des marches & des contremarches, le
Veld-Maréchal Comte de Daun avoit chargé le
Général de Laudon d'aller reconnoître du côté
de Landshut, fi, à la faveur de ces mouvemens, le Roi de Pruſſe n'avoit pas fait quelques changemens dans ſa pofition. En conſé-
quen-

quence, Mr. de Laudon marchale 21. de May sur Liebau avec un Détachement de Cavalerie & de Huffars, outre quelqnes Bataillons; & il réfolut d'attaquer le Pofte retranché des Ennemis derrière cette Ville-là. Dans cette vûe, il divifa fon Corps en 4 Colonnes, dont il fit avancer l'une par Hartau fur Blafsdorf, tournant les Montagnes qui font dans ces environs, pour tâcher de couper aux Ennemis leur retraite à Landshut: cette Colonne étoit commandée par le Colonel de Bethlem, & confiftoit en 100. Dragons, avec le Régiment de Kalnocki, Huffars. Le Régiment de Löwenftein, Dragons, qui compofoit la feconde Colonne fous les ordres du Colonel Baron de Voit, eut ordre de tâcher de prendre à revers le Pofte des Ennemis, en prenant fur la gauche, & paffant par Buchwalde. La troifième Colonne, compofée du Régiment de Nadafti, Huffars, & commandée par le Colonel Baron d'Andrafi, marcha droit fur Liebau. La quatrième eut ordre de pénétrer à la droite de Königshayn, par l'endroit où le Pofte ennemi étoit le plus acceffible: Cette dernière Colonne, que commandoit le Général Comte Caramelli, confiftoit en 100. Huffars, & 40. Dragons, avec le Régiment de Birckenfeld, Cuiraffiers.

L'attaque commença vers les 4. heures avec la plus grande vivacité. l'Ennemi auroit été chaffé de fes Retranchemens, & on lui auroit

pris

pris les 4. Pièces de canon qu'il y avoit, si le Régiment de Löwenstein eût pu traverser un fort grand Marais, qui est dans ces Cantons. La Colonne de la droite avoit déjà pénétré dans les Retranchemens; & 2. Bataillons Prussiens s'en sauvoient dans le plus grand désordre; Mais le Roi de Prusse, qui étoit accouru avec 3. Régimens de Cavalerie & quelques Bataillons, les rallia.

Le Baron de Laudon se voyant alors inférieur à l'Ennemi, d'autant plus que le Roi de Prusse marchoit droit avec toute sa Cavalerie en 2. lignes à sa quatrième Colonne, c'est à-dire à sa droite, & que, vû la difficulté du terrein, Mr. de Laudon ne pouvoit être joint par les Dragons de Löwenstein, ni par les Hussars, qui lui auroient servi à attaquer la Cavalerie ennemie, fit retirer sa Colonne pas à pas : Il porta à sa droite, vers les Hauteurs, quelque Infanterie, & 2. Bataillons de Grenadiers sur la Montagne où est la Justice de Liebau; & cette Infanterie couvrit les flancs de la Cavalerie : De sorte que l'Ennemi se contenta de la tâter deux fois, mais n'osa risquer de l'attaquer. Le Général de Laudon plaça ensuite son Infanterie sur les Hauteurs à portée de Königshayn près d'une Ferme, connue sous le nom de Metairie des Jésuites, d'où, comme la Cavalerie Prussienne continuoit de s'avancer, on lui tira quelques volées de canon, qui lui firent faire halte.

halte. Celle des Autrichiens en attendant, pourſuivit ſa marche ; & l'Ennemi, de ſon côté, regagna Liebau. Les Autrichiens eurent en cette occaſion 9. morts, 22. bleſſés, & un manquant. Mais la Cavalerie, en perçant dans le Camp Pruſſien, leur a ſabré bien du monde : on leur a pris 12. Hommes ; & il s'eſt échappé 31. Déſerteurs. Le Régiment de Birckenfeld s'eſt parfaitement bien conduit dans cette affaire. Cette petite Expédition avoit répandu l'allarme générale dans toute l'Armée Pruſſienne, qui s'étoit miſe en bataille ; & le Roi fit enſuite renforcer le Poſte de Liebau.

Le 23. May un Lieutenant au Régiment d'Eſterhazi, Huſſars, qui avoit été détaché par le Général de Brentano, ramena d'Altenbourg à Schneeberg 13. Priſonniers du Bataillon Franc de Wunſch. Il auroit enlevé tout le Détachement, qui étoit de 75. Hommes, ſous les ordres d'un Officier, ſi les Habitans ne les euſſent cachés. Un autre Lieutenant du même Régiment a auſſi fait Priſonnier à Schleitz un Lieutenant du Bataillon Franc de Colignon.

Quant aux mouvemens qui ſe firent en Franconie, les Pruſſiens ayant abandonné Bareith le 29, ſe diviſèrent en 3. Colonnes, dont le Prince Henri mena une à Gefreſs, le Prince d'Anhalt-Bernbourg la ſeconde à Weiſſenſtadt, & le Général d'Itzenplitz la troiſième à Culmbach. Le Prince Henri établit ſon Quartier-Général à Hoff ; &

 l'Armée

l'Armée de l'Empire vint camper ce jour-là sur les Hauteurs dans ces Quartiers-là, au-délà de Reau, laissant un Corps près de Bourck, & l'Arrière-Garde aux environs de Conreuth.

Le 30. la Colonne, qui avoit pris par la droite sur Kirchcamnitz, campa en deça de Hoff, pendant qu'un autre Corps de 1000. Hommes s'avança dans les environs de Reau. Sur cet avis, le Général Kleefeld posta ses Croates à Münchsberg, & les Hussars a Schlegl, poussant ses Postes avancés sur Weisraleuth. Le Général Palfi fit marcher son Corps jusqu'à Berneck; & le Général Luzinski quitta Schirding, & s'avança sur Asch pour prendre poste à Himmelreich. On fut informé le soir, que, pour arrêter les Troupes légères & se faciliter la retraite, les Prussiens avoient détaché un Corps considérable d'Infanterie, Cavalerie, & Hussars, & l'avoient fait marcher en deux Colonnes, l'une vers Munchsberg, & l'autre sur Albrantz, Ahornberg, & Cossenreut. Mr. de Kleefeld renvoya d'abord ses Equipages, & fit mettre ses Canons en sûreté, afin que la retraite, au cas qu'elle devînt nécessaire, pût s'éxécuter sans embarras.

Le 31. à 3. heures du matin, les escarmouches commencèrent aux Postes avancés, qui se replièrent jnsqu'à Guerrebach, où le combat fut très-vif, lorsque la seconde Colonne, ennemie

mie s'y fut rendue à grands pas. Les Prussiens y perdirent bien du monde; Mais, comme il leur venoit continuellement des Renforts, Mr. de Kleefeld trouva bon de se retirer. Leurs deux Colonnes s'étant réünies, fondirent quelques heures après sur le Général Palfi, dont les Troupes leur sabrèrent d'abord beaucoup de monde, & firent plusieurs Prisonniers : Cependant, comme les Prussiens étoient de beaucoup supérieurs, Mr. de Palfi se retira derrière Berneck, où il se forma de nouveau, & arrêta l'Ennemi. La perte de part & d'autre à cette occasion, peut aller à 200. Hommes. Pour contenir l'Ennemi, le Prince de Deux-Ponts fit marcher le Général Haddick avec l'Avant-Garde de Forcheim à Wüstenstein, pendant que S. A. Sérénissime se porta avec toute l'Armée dans le voisinage de Forcheim. Revenons sur nos pas.

Le 16. May l'Armée Russienne sous les Ordres du Comte de Fermor, campoit près d'Altmünsterberg, à un demi mille de Marienwerder, l'Avant-Garde se tenant tranquille dans le voisinage de Thorn. Le Corps d'observation, commandé par le Prince Gallitzin, se trouvoit près de Beydgest, de l'autre côté de la Vistule. Un Détachement de 500. Prussiens a voulu surprendre à Kroscian dans les environs de Posna, un Piquet de 50. Cosaques; mais ceux-ci se sont fait jour, & n'ont perdu que 9. hommes, dont 7. ont été faits prisonniers, & les 2. autres ont été tués.

Le

Dans la Saxe les affaires étoient dans situation que voici le 27. May le Régiment de Hesse-Cassel, un Bataillon de Putkammer, & un Escadron des Hussars noirs, commandés par le Général-Major de Schenckendorf, se portèrent par Wildenfels, Hartenstein, & Lösenitz sur la petite Ville d'Aue. Comme, pour mieux cacher sa marche, Mr. de Schenckendorf l'avoit exécutée par des Vallées & des Bois, & il ne fut découvert, que lorsque son Infanterie, arrivée sur les Hauteurs voisines, fit une triple décharge de sa mousquetterie sur les Postes avancés des Autrichiens. Deux cens Hussars & 400. Croates, qui occupoient la Ville, se retirèrent sur le champ par la Chaussée, qui conduit à Buccow & à Lanter. Ils y furent renforcés par 6. Bataillons, autant de Compagnies de Grenadiers, & 500. Hussars, & se formèrent sur le sommet d'une Hauteur entre Aue & le Village de Zille. De la manière qu'ils s'y étoient postés, leur Aile droite étoit appuyée à un grand Bois, & leur gauche couverte par un Ravin extrêmement creux. Malgré cette position avantageuse, on les fit plier, & on les délogea successivement des autres Hauteurs, où ils s'étoient établis. Enfin, après un feu d'artillerie & de mousquetterie, qui dura environ 4. heures, ils se retirèrent en grand désordre vers Buccow, laissant 57. morts sur la place. Ils furent poursuivi jusqu'à une petite lieue de l'endroit où s'étoit passé l'Action;

mais

mais on ne put les atteindre, tant ils faiſoient de diligence : de ſorte qu'on ne leur prit que 5. Croates.

Les Pruſſiens, de retour à Aue, ſe poſtèrent ſur les Hauteurs derrière le Village de Zille. La perte, qu'ils ont' faite à cette occaſion, ſe réduit à 4. morts, & 37. bleſſés, parmi leſquels ſe trouverent Mr. de Ruleman, Capitaine de Huſſars, & Mrs. de Strauwitz, Capitaine ; de Borck, Lieutenant ; de Vaerſt, & de Spital, Enſeignes dans le Régiment de Heſſe - Caſſel.

Le Corps des Autrichiens étoit compoſé de 4. Bataillons Hongrois, un de Carlſtadiens, un de Bannaliſtes, & 6. Compagnies de Grenadiers, outre 500. Huſſars, partie d'Eſterhazi, partie Palatins, ils enterrèrent leurs morts à Buccow ; &, après avoir raſſemblé les Voitures pour leurs bleſſés, ils continuèrent la nuit du 27. au 28. leur marche, pour ſe retirer par St. Georgeſtadt & Platta, en Bohême : Surquoi Mr. de Schenckendorf décampa auſſi le 28. pour retourner à Zwickau par Schneeberg, Weisbach, & Silberſtraſs. Sa véritable vûe avoit été de couper les Autrichiens dans leur retraite : A cet effet, il avoit fait défiler d'Oelsnitz par Auerbach, Eibenſtock, Schorlau, & Olberna, un Bataillon de Salmouth, celui des Volontaires de Monjou, & 300. Huſſars, qui devoient aller prendre poſte à Buccow ; mais la choſe ne pût s'éxécuter à cauſe du trop grand éloignement de ces Troupes, & parce que les Chemins d'ailleurs étoient difficiles & même très mauvais.

A tout

A tout ce que nous avons dit ci deſſus être arrivé dans le courant du mois de May, entre les Autrichiens & les Pruſſiens, nous ajouterons que leurs Operations ſe réduiſirent à s'obſerver avec l'attention la plus ſcrupuleuſe; ce qui occaſionna de tems en tems de petites eſcarmouches. Il y en eut deux le 24., l'une près d'Aupa du côté d'Albendorff, & l'autre dans le voiſinage de Lie-bau. Trois Huſſars Pruſſiens du Régiment de Ziethen, furent faits priſonniers dans la premiè-re; & dans la ſeconde on en prit, 3. du Régi-ment de Gerſtorff.

Le Général-Major de Brentano, qui avoit pris poſte le 26. à Buccow, fut attaqué le 27. vers les 10. heures du matin, par un Corps de 7000. Pruſſiens, qui avoient marché à lui ſur 2. Colonnes. Le feu a duré de part & d'autre jusqu'à 5. heures du ſoir. Les Autrichiens y ont eu 24. morts & 63. bleſſés. Cette affaire a fait beaucoup d'honneur au Comte d'Herber-ſtein, Lieutenant-Colonel, au Colonel de Tor-röck, au Lieutenant-Colonel de Pletrich, & à Mr. Adam Vinckovich, Capitaine dans les Ban-naliſtes; & les Warasdins en général s'y ſont parfaitement bien comportés.

Cette affaire, a coûté bien cher à l'Ennemi: Indépendamment de ſes morts, il a fait tranſ-porter ſur 50. Chariots par Schneeberg à Zwic-kau 230. Soldats & 15. Officiers bleſſés : Cinq de ces derniers étoient morts depuis de leurs bleſ-ſures. Le Général de Schenckendorf, qui avoit

com-

commandé les Pruſſiens à cette occaſion, ſe retira après l'Action ſur Leipzig avec 3. Bataillons. Entre autres particularités, le Régiment du Palatinat, Huſſars, a fait merveille : Vingt-cinq Huſſars noirs ont été chaſſés par 7. Hommes de ce Régiment. Le Comte de Guadagni, Major, à la tête de 130. Chevaux, qui avoit été attaqué le 28. au matin entre Auerbach & Falckenſtein par 300. Fantaſſins, un gros de Huſſars, 2. Eſcadrons de Cavalerie, & 2. de Dragons Pruſſiens, ſe poſta à Wildenhammer, où un Eſcadron de Huſſars & 2. Bataillons avec 4. Pièces de canon l'attaquèrent de nouveau : Surquoi il ſe retira à Eibenſtock, ſans autre perte que celle d'un Maréchal des Logis, dont le Cheval avoit été tué d'un Boulet de canon. Cent Croates, qui étoient à Wildenhammer, l'étant venu renforcer, il maltraita à ſon tour les Huſſars Pruſſiens, dont il y en eut quelques-uns de tués, ainſi qu'un Lieutenant.

L'excurſion des Pruſſiens dans la Franconie ſous les ordres du Prince Henri dont on a vû ci-deſſus eu le détail circonſtancié, a occaſionné des Patentes, que l'Empereur a données le 31. de May, & dont voici la teneur.

„ Nous FRANÇOIS, &c. &c. Sa Dilec-
„ tion le Prince Palatin de Deux-Ponts, Gé-
„ néral-Commandant de nos Armées & de celle
„ de l'Empire, Nous a très reſpectueuſement
„ donné à connoître, que les Troupes de Pruſſe
„ & de Brandebourg, infractaires de la Paix
„ publi-

„ publique, après avoir envahi à plufieurs repri-
„ fes les Etats du Cercle de Franconie, & foulé
„ jusqu'à la dernière extrèmité lesHabitans &Su-
„ jets des Evêchés de Bamberg & de Würtzbourg
„ par des pillages, vols & autres exactions oné-
„ reufes, elles ont enfin contraint par une vio-
„ lence injufte, non feulement les Stadthalter &
„ Confeillers, reftés en dernier lieu dans la
„ Ville de Bamberg, avec les Receveurs-Géné-
„ raux des Déniers de l'Etat ; mais auffi diffé-
„ rents Chapitres, Couvents, & généralement
„ nombre de Particuliers des Evêchés de Bam-
„ berg & de Würtzbourg de tout rang, foit
„ Nobles, foit Roturiers, & même des Juifs,
„ à leur fournir, tant enfemble, qu'en leur
„ nom privé, des Billets de change, & autres
„ affûrances pour des Sommes confidérables.

„ Ces fortes d'affûrances, extorquées par
„ une violence injufte contre la Paix publique,
„ étant en elles mêmes nulles & invalides, &
„ fans force & fans valeur, & par conféquent
„ chacun devant être de foi-même prévenu de
„ ne rien payer, ni avancer fur ces fortes d'af-
„ fûrances, ni les reconnoître en aucune façon
„ valides, Nous avons voulu par les préfentes
„ Patentes publiques, non feulement les décla-
„ rer nulles, invalides, fans aucune force &
„ valeur ; mais auffi porter à la connoiffance
„ de tout le Public, que, fur ces dites affûran-
„ ces, extorquées avec violence, il n'y aura ja-
„ mais

„ mais aucune prétenſion à former ſous quel ti-
„ tre ou prétexte que ce puiſſe être, ni qu’elles
„ pourront être jamais reçues, ſoit à nos Tri-
„ bunaux, ſoit à ceux de l’Empire; mais que
„ toutes ces aſſûrances ſont dès aujourd’hui, &
„ ſeront à perpétuité regardées comme mortes
„ & éteintes, ſans aucune force, ni valeur. Nous
„ ordonnons auſſi en vertu de notre pouvoir &
„ autorité de Chef Suprême de l’Empire, que
„ perſonne, de quel état ou dignité qu’elle
„ puiſſe être, n’accepte pour valides, ni ne paie,
„ ni avance, ni ne fourniſſe rien pour favori-
„ ſer ou aider les Soulevés, ſous quel titre ou
„ prétexte il pourroit ſe faire, ſur ces Lettres de
„ change ou aſſûrances, extorquées de cette fa-
„ çon aux Chapitres, Couvents, Villages; aux
„ Habitans, Sujets, & autres Perſonnes, ſoit
„ Chrétiens, ou Juifs, établis dans l’Evéché
„ de Würtzbourg, & autres Etats du Cercle
„ de Franconie; le tout ſous les peines déjà
„ portées dans nos inhibitions Impériales, &
„ ſur-tout ſous la peine, non ſeulement de la
„ perte des Sommes payées & avancées, ou
„ autres avantages, droits & prérogatives ſti-
„ pulées; mais auſſi ſous celle de la reſtitution
„ au double, non au profit de notre Chambre
„ Impériale, à laquelle eſt d’ailleurs approprié
„ le produit des Amendes; mais à l’avantage
„ des Etats opprimés de Bamberg.

„ Comme Nous apprenons d’ailleurs avec
„ le plus grand regret, que la fureur du ſoulève-
„ ment

„ ment eft montée au point que dans divers en-
„ droits il s'eft fait des pillages ; & que, par ces
„ malheurs , bien des Lettres d'obligation &
„ autres affûrances valides font tombées dans des
„ mains violentes, & notre devoir de Chef Su-
„ prême de l'Empire exigeant de Nous d'y por-
„ ter nos attentions , Nous faifons fçavoir par
„ les Préfentes à tous & chacun, & ordonnons
„ par notre Autorité Impériale, que toute Let-
„ tre de change ou autre Affignation tirée à char-
„ ge des Habitans ou Perfonnes, domiciliées
„ dans le Cercle de Franconie, ne foit accep-
„ tée, ni payée, qu'en les délivrant en mains
„ propres, ou de leur connoiffance & aveu,
„ & leur fignature donnée à cet effet, & çela,
„ fous la peine d'être expofé, non obftant l'ac-
„ ceptation feinte ou faite effectivement, à re-
„ fter débiteur & à être tenu de payer une fe-
„ conde fois aux véritables Endoffeurs ; & que
„ tout accès leur fera refufé dans tous nos Tri-
„ bunaux, ainfi que dans tous ceux du St. Em-
„ pire Romain.   Surquoi chacun aura à pren-
„ dre fes mefures , & fe garder de tout dom-
„ mage.

„ Nos préfentes Patentes Impériales feront
„ publiées par-tout ; & il fera fait donné la mê-
„ me foi aux Copies, qu'à l'Original même.

Vienne le 31. May
1759.

No. VIII.

MEMOIRES
POLITIQUES & MILITAIRES
POUR SERVIR à
L'HISTOIRE
DE NOTRE TEMS.

Nº. VIII.

OPÉRATIONS DES ARMÉES IMPÉRIA-LES & DE LEURS HAUTS ALLIÉS, EN 1759.

L'Armée du Prince Henry étant rentrée en Saxe au commencement de Juin, prit ses Quartiers dans le voisinage de Zwickau, d'où l'on fit défiler un Corps jusqu'à Tschoppau. Comme le Général de Brentano s'étoit avancé à Annaberg pour soutenir les Troupes légères, qu'il avoit fait marcher en avant, le Général de Meinicke eut ordre de l'aller chercher & se mit le 10. & le 11. en marche pour cet effet : surquoi Mr. de Brentano se retira ; & le Colonel de Kleist fit prisonnier un Officier & 20. Hussars. Cependant le Général Brentano, qui avoit reçu pendant sa retraite un Renfort, revint l'après-midi ; mais, après avoir reçu quelques coups de canon, il reprit la route de la Bohême.

h

Le

Le 13. de Juin, le Corps Pruſſien aſſit ſon Camp près de Wolckenſtein ; & les Huſſars pourſuivirent avec quelques Compagnies Franches l'Ennemi jusqu'en Bohême. Le Pasberg ſe trouva occupé par quelques Huſſars & Croates. Le Lieutenant-Colonel de Wunſch s'en empara, & fit priſonniers 1. Lieutenant-Colonel, 2. Officiers, & 30. Huſſars.

Les Officiers, que l'Armée du Prince Henri a fait priſonniers depuis le 20. May dernier, ſont au nombre cinquante-deux : Savoir 1. Général-Major, 2. Colonels, 1. Lieutenant-Colonel, 1. Major, 11. Capitaines, 27. Lieutenans, 2. Artificiers, & 7. Enſeignes. Les voici.

Le Général-Major de Riedeſel. Colonels, Prince de Salm, & Mr. Epting du Contingent de Cronach. Mr. de Floret, Lieutenant Colonel du Régiment du Palatinat. Dragons, le Major de Wiſer du même Régiment. Capitaines de Cavalerie, Mr. Arnold, le Baron d'Adersky, & le Marquis de Privio, du Régiment de Modène. Cuiraſſiers, Mrs. de Horneck & de Wilhelmi, du Régiment du Palatinat, Dragons. Capitaines d'Infanterie, Mr. de Neubrom du Contingent de Würtemberg, Mrs. de Brandenſtein & d'Eyl de celui de Cronach, Mr. de Stoltzer du Régiment de Salm, Mr. de Meierbach de celui de Marſchall, & Mr. de Bauſſener de celui de Giulai. Lieutenants, Mr. de Gottſchalkowski du Régiment de Modène. Cuiraſſiers, raffiers, Mrs. Rudi, Diering, & Wilderfin de celui du Palatinat. Dragons, Mrs. de Knobelsdorf & Hincke, du Régiment de Salm, Infanterie; Mr. de Zanthier de celui de Marfchall; Mr. de Droft de celui de Mayence, Impérial; Mrs. Holtzmann, Molitor, & Stfutzenreuter de celui de Mayence, Electoral; Mr. Steinto du Contingent Electoral de Trèves; Mr. de Kalbe de celui de Weimar, Mr. Stallmill de celui de Bade - Dourlach; Mrs. Juliazi, de Beulwitz, Peller, le Baron de Truchfes, de Rezold, Stetz, Brockau, Mattmann, Schlandersdorf, Stiplin, d'Erckert, & Studing, du Contingent de Cronach; & Mr. l'Ajudant Heineccius. Officiers d'Artillerie, Mrs. de Wagner & Tickal. Enfeignes; Mrs. Ravensberger & Stitz dans Palatin, Dragons; Mr. Arnft dans Trèves, Electoral, Infanterie; & Mrs. Yblegger, de Seyffertitz, Dietz, & Grundherr, du Corps de Cronach.

Les Commencemens d'une Campagne ne confiftant ordinairement qu'en marches & contremarches fans donner lieu à de grands Evénemens, chacun fe tenant fur fes gardes & s'obfervant avec grande attention, nous donnent lieu de quitter & de reprendre les mêmes endroits où fe font ces coups de mains appellés la petite guerre & qui incommodent toûjours beaucoup par les pertes & les prifes que les Armées font mutuellement.

h 2

Le

Le 7. de Juin au matin les Autrichiens s'aperçurent que le Roi de Prusse faisoit marcher de son Camp de Landshut 200. Chevaux sur une Hauteur à portée de la Ferme, nommée Métairie des Jésuites ; ils devoient apparemment reconnoître ces environs ; mais ils n'osèrent assez avancer ; & ils se retirèrent au bout de quelque tems. Cependant, vers les 7. heures du soir, une vingtaine d'Escadrons & 2. Bataillons Prussiens marchèrent sur les Postes avancés des Autrichiens. L'Infanterie prit poste à l'extrêmité du Village de Könighayn, & la Cavalerie s'étendit jusques vers Lampersdorff. Le petit Poste, à la Métaire des Jésuites, fut en conséquence d'abord obligé de se retirer ; mais les Hussars & les Croates, postés à Grundsdorff, étant accourus à son secours, se portèrent jusqu'au-delà de Lampersdorff : Ils repoussèrent les Hussars Prussiens, & n'essuyèrent que quelques volées de canon, que l'Ennemi, qui se retira sans plus rien entreprendre, se contenta de leur envoyer. On a sçu depuis, que l'unique but du Roi de Prusse, qui s'étoit trouvé à ce Détachement, n'avoit été que de faire une nouvelle reconnoissance.

Le 8. le Corps du Général Fouquet étoit encore à Franckenstein ; & il n'y avoit point de changement à la grande Armée de Prusse.

Le 9. les Déserteurs raportèrent, que les Prussiens faisoient abbatre tout le Bois au front de leur Camp

Camp près de Lichtenau ; & qu'il y en avoit
déjà une grande partie de coupée. Ils ont ajou-
té, que la veille, à 10. heures du soir, il y
avoit eu une grande allarme à l'Aile gauche des
Prussiens. Une Patrouille Autrich., qui s'étoit
postée jusqu'à Schimberg, avoit été apperçue
par un Poste avancé, composé de Paysans, &
qui en donna avis au Poste de Hussars le plus à
portée. Le bruit parvint ainsi bien-tôt de Poste
en Poste à l'Armée Prussienne, que celle du
Veld-Maréchal Comte de Daun marchoit à elle:
Surquoi l'Aile gauche se rangea en bataille &
resta sous les armes jusqu'à 6. heures du matin.

Pour revenir à l'Armée de l'Empire dans la
Franconie, elle marcha le 13. de Juin de Forcheim à Bamberg, où elle séjourna le lendemain.
On y reçut avis du Général de Luzinski, qu'il
avoit pris sa position à Mönichsberg; qu'il avoit
poussé ses Postes avancés du côté de Schauen-
stein, Reau, & Koza; & que ses Patrouilles alloient jusqu'à Hoff. Le Général de Kleefeld,
de son côté, s'étoit porté à Sezberg près de
Culmbach.

Le 15. l'Armée décampa de Bamberg: Et,
après avoir passé le Mein sur deux Ponts, l'un à
Halstadt & l'autre à Baunach, elle entra dans le
nouveau Camp tracé près d'Ebelsbach; mais le
Quartier-Général fut établi dans la petite Ville
d'Eltman.

Le 16. Juin les Généraux de Ried & Weczei donnèrent avis, qu'ils s'étoient portés de Königshoffen à Neustadt sur la Saal ; qu'ils avoient placé les Postes avancés à Bischofsheim, Hilters, & Fladungen ; & qu'ils poussoient leurs Patrouilles jusqu'à Fulde, sans qu'on rencontrât, ou qu'on entendît seulement la moindre chose des Ennemis.

Le 17. le Général de Luzinski reçut ordre de marcher à Culmbach, pour remplacer le Général de Kleefeld, qui devoit se porter à Cronach.

Le 19. l'Armée quita le Camp d'Eltman, pour marcher à celui de Königsperg ; & le Quartier-Général fut établi dans la Ville de Hassfurth.

Le 20. on apprit par le Général de Luzinski, que l'Avant-Garde Pruss. avoit abandonné Hoff, Pláuen, Langenfeldt, & Oelsnitz ; & qu'elle s'étoit retirée à Zwickau, n'ayant laissé que des Postes avancés entre Zwickau & Reichenbach.

Les deux jours suivans, on fit jetter un Pont sur le Mein pour transporter plus commodément les Fourages & les subsistances. On apprit, que les Généraux Ried & Weczei, qui s'étoient portés à Saltzungen, avoient poussé des Postes à Meinungen & Vacha, d'où ils observoient ceux de Houte & Schmalcalde, envoyant des Patrouilles à Eisenach & dans le Pays de Gotha.

Le 23. l'Armée se remit en marche, & alla camper à Hofheim ; & le Quartier-Général fut établi à Egelsdorf.

Les

Les Généraux Luzinski & Kleefeld, toûjours dans la même pofition, avoient feulement étendu les Poftes avancés jufqu'à Lohenftein & Nordhalben, d'où les Patrouilles fe font portées à Saalfeld, Schleitz, & Miltrof.

Le 24. au foir, le Prince de Deux-Ponts partit pour Manheim, après avoir remis le commandement de l'Armée au Veld-Maréchal Comte de Serbelloni, qui transfera le 25. le Quartier-Général d'Egelsdorf à Friefenhaufen; quoique l'Armée gardât fa pofition dans le voifinage de Hoffheim.

Le Général de Luzinski, dont les Poftes avancés étoient à Ebersdorf, Neuendorf, Heimbrechts, & Schwarmdorf près du Bois, donna le 26. avis, que ceux des Pruffiens fe trouvoient aux environs de Hartenftein, où il y avoit un Corps de Troupes, qui avoit été à Plauen, Rofenthal, Zwickau & Reichenbach; qu'il étoit refté à Zwickau un Bataillon, pour couvrir le Magazin, qu'on commençoit déjà à tranfporter; & que le Prince Henri avoit occupé avec fon Armée trois Camps près de Chemnitz & de Tfchoppau, ayant établi fon Quartier-Général dans la première de ces deux Places. Comme les Habitans de la Heffe affectoient beaucoup de hauteur vis-à-vis des Imperiaux, un Détachement du Régiment de Czec\xe9ni, défarma le même jour les Habitans de Häringen, en emporta les Munitions, & les força à lui payer des Contri-

h 4

butions

butions & à lui livrer des Beftiaux; mais ils avoient déjà pris leurs mefures & fauvé la plûpart des Beftiaux: Ainfi, il fallut fe contenter de 30. Bêtes à cornes; & l'on emmena en ôtage l'Intendant de la Forêt.

Le 27. l'Armée reçut ordre de fe tenir prête à marcher; & le 28. le Lieutenant-Général Baron de Kolb, le Général-Major d'Augée, & le Colonel Baron de Seckendorf, qui commandoit la Cavalerie, marchèrent avec un Corps, pourvû d'Artillerie, vers Trapftadt, & fe portèrent le 29. à Hoxdorf. Le 30. on apprit, qu'il paroiffoit du côté d'Erfurth quelques Partis ennemis, qui faifoient mine de s'y raffembler en Corps. Sur cet avis, les Poftes avancés firent des Détachemens du côté de Schmalkalden, pour les éclairer.

Le 1. de Juillet, Mr. de Kolb s'avança jufqu'à Meinungen, & le 2. il fe porta à Schmalkalden, où il éxigea les Arrérages des Contributions, & en établit de nouvelles. Le même jour, l'Armée quitta Hofheim, & vint camper à Trapftad. On y apprit, que le Général de Ried, ayant remarqué, que le Pays de Heffe, à la réferve du territoire de Schmalkalden, étoit tout occupé par les François, avoit ferré fes Poftes avancés dans les environs de Vacha. Comme ce Général avoit été informé, qu'il fe trouvoit à Muhla, Creutzberg, &c. des Enrôleurs Pruffiens, il envoya différents Partis pour

s'en

s'en faifir: les Habitans du Pays les avertirent à
tems du rifque qu'ils couroient, & leur donnèrent par-là l'occafion de fe mettre à-couvert:
Cependant il y en eut plufieurs d'enlevés, que
l'on conduifit le 2. après-midi au Quartier-
Général, qui, vû les pluyes continuelles, les
mauvais chemins, & les innondations, n'avoit
pu encore être transféré ailleurs.

Le 5. l'Armée quita le Camp de Trapftad,
& vint, à Romhild, où l'on apprit le 6. que
le Général Baron de Ried avoit étendu fes Poftes
avancés de Waltershaufen jufqu'à Ordruff; Que
les Généraux Barons de Luzinski & de Kleefeld
avoient fait des Détachemens, pour couvrir
Ilmenau, Frauenwald, Suhla, & les environs;
& qu'ils avoient auffi envoyé des Partis à Arn-
ftadt, pour obferver les mouvemens, que l'Ennemi pourroit faire du côté d'Erfurth & de
Gotha.

Le 7. on fit marcher de l'Armée vers Meinungen le Colonel Comte de Morawitzki,
ayant fous fes ordres un Bataillon de Troupes
Bavaroifes, une Compagnie de Grenadiers;
& quelque Cavalerie, avec Mr. de Redwitz,
Lieutenant-Colonel au Régiment de Cuiraffiers
de Bareith.

Pendant que le Veld-Maréchal Comte de
Serbelloni faifoit les difpofitions pour pourvoir
l'Armée du néceffaire, & la mettre en état de
marcher, les Troupes & l'Artillerie ont profité

du beau tems pour s'exercer & manœuvrer le 9. le 10. & 11. de ce mois. Le Corps, qui, sous les Ordres du Colonel Comte de Morawitzki, avoit poussé jusqu'à Meinungen, se porta en attendant jusqu'à Saltzungen ; & Mr. le Maréchal détacha le Gén. Baron de St. André avec un Corps considérable de l'Armée, auquel l'on joignit un Bataillon des Troupes de Saltzbourg.

Le 12. l'Armée vint camper à Schleusingen. Mr. de St. André se porta à Rednich, & le Bataillon de Saltzbourg à Meinungen.

Le 13. le Baron de St. André marcha à Cobourg. Le Prince de Deux-Ponts revint ce jour-là de Manheim, & reprit le commandement de l'Armée.

Ensuite des Préparatifs qu'avoit fait le Roi de Prusse d'envoyer une Armée au devant des Russes en Pologne, il en confia le Commandement au Général Comte de Dohna, qui pour prévenir les Polonois, fit publier le 15. Juin. le Manifeste suivant, en langue latine & Polonoise, afin qu'ils eussent à lui fournir les subsistances nécessaires.

,, Sa Majesté le Roi de Prusse, mon Trés-gracieux Seigneur, se voit obligé de faire passer une partie de ses Armées sur le territoire de la République, pour garantir d'une invasion hostile ses propres Etats.

,, On n'a nullement en vûe de troubler le moins du monde par cette démarche la bonne amitié

&

& intelligence, qui fubfiftent entre Sa Maj.
Pruffienne & l'Illuftre République; Mais, au
contraire, on réitère l'affurance, que de ce côté-
ci on n'entreprendra rien, qui puiffe être contraire aux fentimens que l'on a jufqu'à préfent
profeffé: Que l'on s'attend auffi à toute difpo-
fition naturelle & amicale de la part de la République, d'autant plus que l'on ne defire que ce qu'elle
a déjà accordé aux Puiffances Etrangères.

,, En conféquence, la Nobleffe, les Fonciers
& les Magiftrats des Diftricts refpectifs, fur les
Confins Pruffiens, jufques derrière Posnanie,
font requis de ramaffer au plûtôt chacun dans
fon Diftrict une quantité fuffifante de Vivres, de
Grains, & de Fourages, pour la fubfiftance d'une
Armée de 40. mille hommes: Pouvant d'ailleurs
s'affûrer, que l'on n'éxigera, ni ne recevra d'eux
rien que l'on ne paye Argent comptant.

,, On doit cependant ajouter à ceci, que, fi
ces Provifions fe trouvoient manquer quelque
part, on fe verroit obligé de fourager, & d'u-
fer des mêmes droits, que s'arroge la Puiffance
Etrangère, qui a protefté fi publiquement &
diverfes fois, qu'Elle vivoit en paix & en amitié
avec l'Illuftre République.

,, On eft donc dans la ferme confiance, que
les Diftricts refpectifs fur les confins Pruffiens
jufques derrière Posnan & au-delà feront leur
poffible de procurer au plûtôt le néceffaire pour
la fubfiftance de l'Armée Royale Pruffienne,
qui

qui va y entrer: Auquel cas elle évitera le plus soigneusement tout désordre; & les livraisons seront toutes payées Argent comptant. "

En conséquence de ce Manifeste, les habitans se sont empressés de ramasser les Provisions, déclarant néanmoins que les fourages & les Grains y étoient rares.

Le gros de l'Armée du Comte de Dohna arriva le 24. Juin, dans le voisinage de Schwerin. Son Avantgarde, sous les ordres du Général Malachowski, avoit pris les devants; & les Troupes, qui avoient été dans les environs de Francfort sur l'Oder, se mirent en même tems en marche. Le Point de réunion fût à Meseritz. Le Comte de Dohna a encore fait publier le 17. un autre manifeste conçu dans ces termes.

„ Ce n'est qu'avec un extrême étonnement que le Roi, Mon Trés-gracieux Seigneur & Maître, a appris, que plusieurs d'entre ses propres Sujets s'étoient laissés induire à lui manquer de fidélité, jusqu'au point d'entrer au service d'une Puissance, avec laquelle il est en guerre.

„ En conséquence, Sa Majesté fait savoir par la Présente, que tous ceux d'entre ses Sujets qui servant dans les Armées ennemies, seront trouvés les armes à la main & pris, seront, conformément à toutes les Loix, condamnés à être pendus sans miséricorde, comme traîtres à leur Roi & à leur Patrie.

Sur

,, Sur quoi un chacun aura à fe régler, & à
ne point fe départir de la fidélité qu'il doit à
fon Souverain, &c. ".

L'Armée du Comte de Dohna campa le 25.
à Schwerin. Avant de continuër fa marche,
Son Excellence fit publier un nouveau Mani-
fefte, daté du 22. du même mois.

,, Les Magnats, Evêques, Prélats, Abbés,
,, Couvens, Seigneuries, Magiftrats, & Ha-
,, bitans de la République de Pologne fur la
,, route de Posnanie & au-delà, font fommés
,, de fe rendre en perfonne, ou par Députés,
,, au plûtôt, & même dans le courant de la fe-
,, maine, au Quartier-Général, pour y traiter
,, avec le Général en Chef, ou le Commiffariat
,, de Guerre Pruffien, des Fourages & des Vi-
,, vres pour la fubfiftance de l'Armée, le tout
,, devant être payé.

,, On fe promet & s'affûre, que perfonne
,, en Pologne ne portera les Troupes Pruffiennes
,, à déferter; qu'on ne leur prêtera aucune af-
,, fiftance dans des pratiques auffi perfides;
,, qu'on ne leur donnera point le couvert, foit
,, pour les cacher, foit pour les loger, parce
,, qu'en le faifant on s'attireroit infailliblement
,, bien des défagrémens: On s'attend au con-
,, traire, que, de quelque état & condition que
,, l'on foit, on arrêtera tout Transfuge ou Dé-
,, ferteur, & qu'on le livrera au premier Pofte
,, avan-

„ avancé ou au Quartier-Général; & l'on rem-
„ boursera tous fraix faits à cette occasion: A
„ quoi l'on ajoutera une Douceur proportionnée.

„ Si quelqu'un a du penchant à entrer au
„ Service du Roi de Prusse, dans le dessein de
„ s'y comporter fidèlement & raisonnablement,
„ il peut s'addresser au Quartier-Général, &
„ s'assûrer d'une Capitulation de trois ou qua-
„ tre ans.

„ Quelque Prince ou Membre de la Ré-
„ publique de Pologne se trouve-t'il disposé à
„ rassembler quelque Corps, & le joindre par
„ Troupe, ou par Drapeau, à l'Armée Prus-
„ sienne, pour faire Cause commune avec elle,
„ ils peuvent compter sur un bon accueil, &
„ qu'on fera d'eux le cas qu'ils méritent, &c. "

La nouvelle qui fut publiée à Berlin le 14.
Avril, qu'il étoit sorti de Stettin huit Bâtimens armés, pour courir sur les Navires Russiens & Suédois, détermina la Cour de Russie
à donner en conséquence une Déclaration, par
laquelle Elle annonçoit qu'elle n'accorderoit plus
la liberté de la Navigation & du Commerce dans
la Mer Baltique; surquoi la Cour de Berlin fit
publier le 19. Juin, en forme de remarque,
que dans ces Nouvelles du 14. Avril, on avoit
dit en termes exprès; Que ces Bâtimens armés
étoient destinés à couvrir l'Oder, le Haff & les
trois Ports ou Embouchures de l'Oder, & qu'on
n'avoit jamais pensé à les employer en pleine

Mer

Mer, moins encore à y faire le métier de Corfaire, n'ayant eu en vûe que de garantir les Rivières & les Eaux intérieures des entreprifes des Bâtimens armés, que les Suédois entre autres avoient fait agir dans le Haff, & que de la part des Prufliens on n'avoit jamais eu le moindre deffein de troubler ou d'interrompre en aucune manière le Commerce & la Navigation dans la Mer Baltique.

Le Général Comte de Fermor ayant fupplié l'Impératrice de Ruffie, de vouloir déférer à un autre Général le Commandement en Chef de fes Armées en Pologne, Sa Majefté Impériale en a chargé le Général Comte de Soltikof; & l'on publia à ce fujet au commencement de Juin la Déclaration fuivante.

„ Comme le Général, Chevalier, & Com-
„ te de Fermor, pendant le féjour qu'il a fait
„ ici (Petersbourg) l'hiver dernier, a, vû la foi-
„ bleffe de fa conftitution & la multiplicité d'af-
„ faires, fupplié S. M. Impériale, de déférer à
„ à un autre Général le Commandement d'une
„ fi nombreufe Armée, fous lequel il étoit ce-
„ pendant prêt & difpofé à fervir avec le mê-
„ me zèle, & qu'il a depuis reïtéré fa deman-
„ de, Sa Majefté Imp. a ordonné au Général,
„ Chevalier, & Comte de Soltikof, qui d'ail-
„ leurs a l'ancienneté fur le Comte de Fermor,
„ d'aller prendre le Commandement de l'Armée;
„ & il eft déjà parti pour cet effet depuis quel-
„ ques

„ ques jours : Elle a en même tems ordonné
„ au Comte de Fermor de rester à l'Armée, pour
„ y servir sous lui , conformément à sa propre
„ réquisition. "

Les Démarches des Prussiens ne firent pas avancer plus vîte l'Armée Russe. Il n'y avoit que quelques Partis qui se firent voir dans des endroits où ils sçavoient qu'il n'y avoit pas de Troupes. Ils y ont enlevé le Bétail & commis divers excès. Un de leurs Détachemens d'environ 2000. hommes s'avança le 20. Juin par Drambourg Neuwedel & Reetz sur Stargart : ils en pillèrent un Faubourg ; mais le Major de Wedel qui commandoit 200. hommes dans la Place, ayant fait tirer sur eux quelques pièces de Campagne, & tué deux Cosaques, tout le Détachement se retira. Aussitôt que le Comte de Dohna fut informé de cette course, il détacha le Général-Major de Malachowski vers Arenswalde ; mais les Russes avoient fait leur retraite avec tant de précipitation par Furstenau en Pologne, qu'il n'en avoit pû attraper que deux hommes. Toute leur grande Armée tiroit cependant vers Posnan & le Prince Galliczin fit publier le 28. de May un Manifeste pour annoncer aux Polonois la marcha d'un Armée Russe de 40. mille hommes vers Glogau, les requérant de fournir le nécessaire pour sa subsistance.

No. IX.

MEMOIRES
POLITIQUES & MILITAIRES
POUR SERVIR à
L'HISTOIRE
DE NOTRE TEMS.

N°· IX.

OPÉRATIONS DES ARMÉES IMPÉRIA-LES & DE LEURS HAUTS ALLIÉS EN 1 7 5 9.

Vers la fin de Mai arriva de Pillau près de Königsberg quantité de canon, que l'on conduisit à l'Armée Ruſſienne, dont le Général Comte de Soltikof prit le commandement 29. Juin. Le Prince de Menzikof étoit auſſi parti de Thorn, pour ſe rendre à la même Armée.

Le Chef de l'Eſcadre Ruſſienne, qui ſe trouvoit à la rade de Dantzig, avoit fait ſignifier aux Marchands de cette Ville, " de n'en-
„ voyer aucune ſorte de Marchandiſes vers les
„ Ports de la Poméranie Brandebourgoiſe: les
„ avertiſſant en même tems, que les Navires,
„ qui ſeroient trouvés en contravention, &
„ dont l'Eſcadre viendroit à s'emparer, ſeroient
„ déclarés de bonne priſe, auſſi-bien que leur

i .   „ car-

„ cargaifon.“ Deux de ces Bâtimens avoient déjà eu ce fort. Les Ruffes ont éxigé de la Ville de Stolpe une Contribution de 8000. Ecus.

Les Troupes Pruffiennes s'avancèrent de plus en plus. Le Général Comte de Dohna, qui avoit campé quelque tems à Birnbaum, fe porta de Sierakow & Wronki à Obrzysko. Il marcha le long de la gauche de la Warte, pendant que les Ruffes campoient fur la rive droite: leur dernière Division, que commandoit le Général Backréof, étoit entré au Camp le 29. Juin; toute l'Armée avoit paffé le lendemain la Revûe devant le Général Soltikoff & fait l'exercice au feu.

L'Armée Pruffienne fe mit en marche d'O-bernick, le 7. Juillet pour aller en avant. Elle étoit partagée en trois Colonnes, & défila par Lobzet pour prendre les Ruffes à dos: Mais, comme ceux-ci s'en apperçurent, ils repafsèrent la Warte, & changèrent par conféquent toute leur pofition. Les Pruffiens ayant remarqué qu'ils ne réuffiroient pas dans leurs deffeins, fe retirèrent dans un Bois, & retournèrent enfuite à Obernick.

L'Armée Ruffienne arriva à Jankowitz ou étoit le Quartier-Général le 9. Juillet. L'Ennemi, dont l'Avant-Garde s'étoit repliée dès la pointe dujour, gagna Mrowino & Pamiatkowo, fon front & fes flancs couverts par des Marais. Le Général-Major de Tottleben, qui commandoit les Troupes légères à Gora, alla

dès

dès le matin déloger du Village de *Szerckewice*
un Régiment de Huffars noirs & celui de Putkammer.   Toute l'Armée Pruffienne en fut
fi fort allarmée, que, fupofant que c'étoit
le prélude d'une Action générale, elle fe mit
d'abord fous les armes; mais il ne s'agiffoit encore que d'une épouvante; & Mr. de Tottleben
fe retira avec 12. Prifonniers, fçavoir un Officier & 11. Huffars bleffés.   L'Ennemi, qui pouvoit avoir perdu à cette occafion 70. hommes,
avoit fait prifonnier un Enfeigne, & bleffé un
Cofaque.

Ces circonftances ménaçant les Pruffiens de
quelque affaire férieufe, le Général de Wobersnow, qui étoit allé reconnoître la pofition des
Ruffes, raporta qu'on pouvoit les entamer du
côté Oriental de la Warte.   Cela engagea le
Comte de Dohna à faire paffer la Rivière à fon
Armée, qui alla camper à Obieczerce, & l'A-
vant-Garde à Prezeslavie.   Les Pruffiens apre-
nant par des Prifonniers que les Ruffes étoient
en pleine marche, fe mirent auffi-tôt en
mouvement pour leur épargner la moitié du
chemin: & les obligérent de s'arrêter entre Tor-
nowa & Jankowitz fur la route de Siléfie; mais
les Ruffes ne tardèrent pas à changer de pofition, pour s'affurer des Hauteurs de Wielezina,
qui fe trouvoient fur le flanc droit des Pruffiens. Ceux-cy les prévinrent pour une feconde
fois; & s'en emparèrent le 11. au matin en leur

 préfen-

préfence. Il y eut des coups de canon de part & d'autre, mais tirés de fi loin, que les Pruffiens n'eurent que deux Hommes de tués; & l'attaque, qu'ils s'étoient propofé, ne put avoir lieu, à caufe des Défilés & des Marais, derrière lesquels les Ruffes s'étoient mis à couvert.

Le 12. ils tâchèrent de tourner les Pruffiens par leur flanc droit; mais ils leur préfentèrent toûjours le front; &, à la faveur des Marais, les Ruffes évitèrent l'engagement. De forte que l'on paffa le tems à fe canonner pendant 12. heures, les deux Armées étant campées vis-à-vis l'une de l'autre, à deux mille pas de diftance. Les Pruffiens, dont le canon caufa fouvent de grands vuides aux Ruffes, n'eurent que 3. hommes tués, & cinq bleffes.

Les 13. les Pruffiens remarquerent quelque mouvement fur l'Aile droite des Ruffes, fans diminution apparente de leur front; & les Patrouilles ayant aperçû qu'un Détachement d'Infanterie & de Cavalerie tiroit fur Pirne, les Pruffiens marchèrent la nuit fur Neuftadt, pour empêcher l'Ennemi de gagner une marche fur eux. Le Lieutenant-Général de Hulfen conduifit l'Avant-Garde, fans faire la moindre perte. Les Ruffes fe trouvèrent poftés entre Pirne & Conin, d'où ils furent obligés par le canon de fe retirer dans le Bois. Tout commença à manquer aux Pruffiens. Faute de Briques, ils ne purent même conftruire des Fours, &

établir

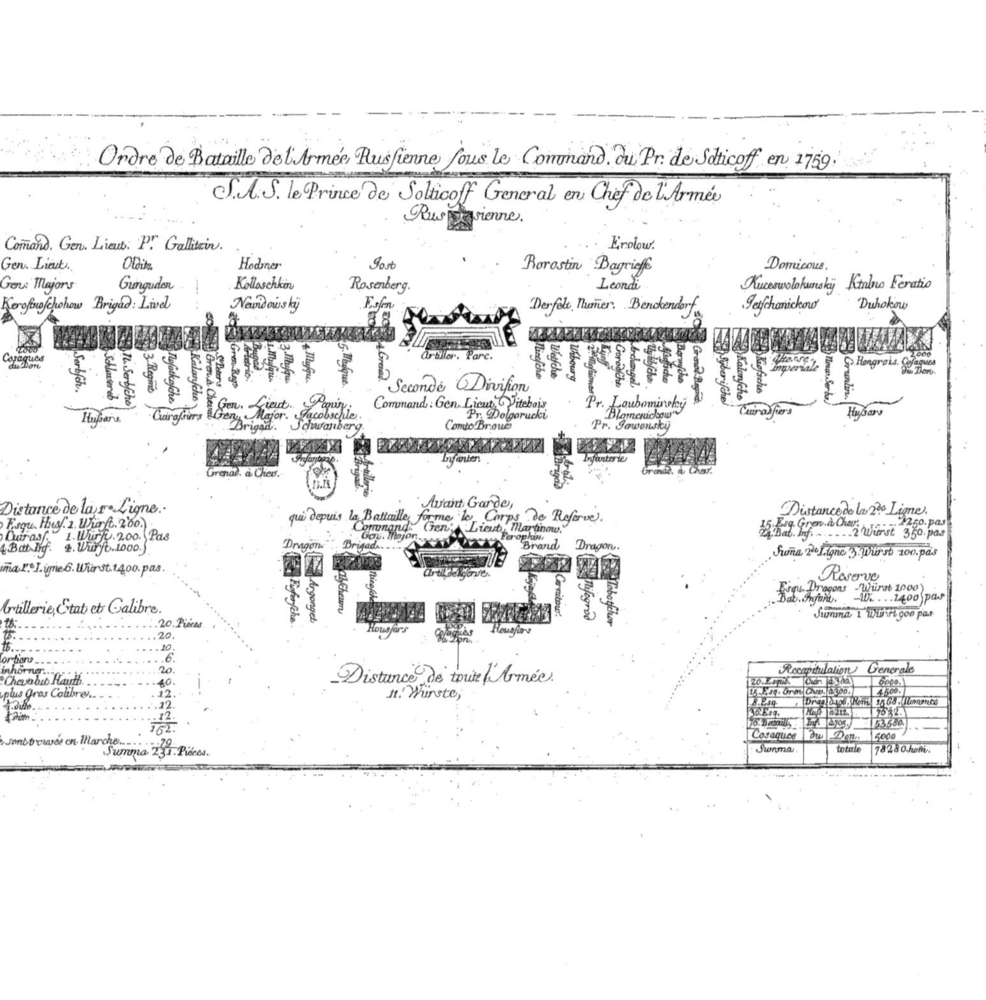

Recapitulation Generale

20. Esqu.	Cuir.	à 300.	5000.	
15. Esq. Gren.	Chev.	à 300.	4500.	
8. Esq.	Drag.	à 196.	1568.	Homme
30. Esq.	Hus.	à 212.	7632.	
76. Bataill.	Inf.	à 705.	53580.	
Cosaque	du	Don.	5000	
Summa	totale		78280.	hom.

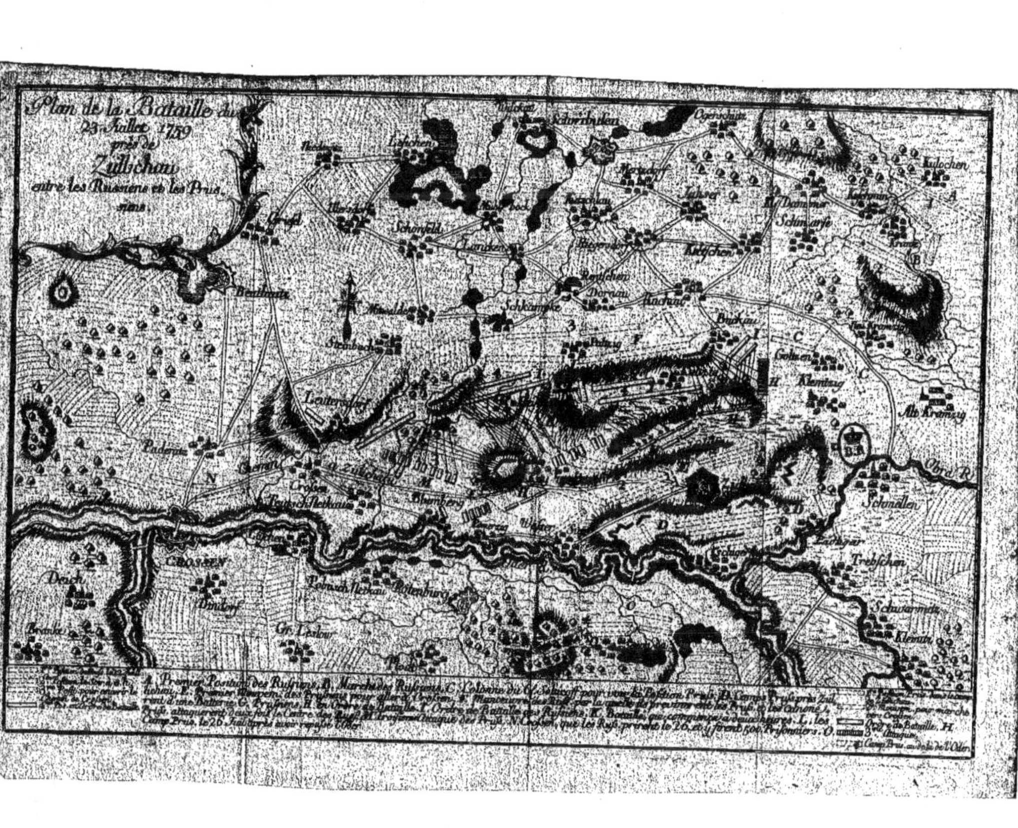

Plan de la Bataille du
23 Juillet 1759
près de
Züllichau
entre les Russiens et les Prussiens.

établir la Boulangerie. C'eft ce qui fut caufe, que le Comte de Dohna fe porta le 15. avec l'Armée à Petez, & le 16. à Meferitz, pour fe rapprocher des Magazins, & être tranquille pendant quelques jours.

Comme la fanté du Comte de Dohna s'altéroit de plus en plus le Roi le difpenfa du Gouvernement de l'Armée oppofée à celle des Ruffes, & nomma le Lieutenant-Général de Wedel pour le remplacer. Ce Général, après de petits avantages, tels qu'il s'en fait journellement de part & d'autre, fe trouva engagé dans une Affaire férieufe dont on verra les particularités dans la relation fuivante.

Relation de la Bataille de Zullichau, donnée le 23. Juillet.

Les Pruffiens occupoient le 22. un Camp fur les Hauteurs derriére Zullichau, leur droite appuyée à un Bois, la gauche rangée fur une Hauteur fort retranchée, mais que l'on pouvoit tourner, & qui par-là devenoit d'un facile abord. Cette pofition des Pruffiens détermina le Général Soltikoff à les aller attaquer. Il fe mit en marche avec la prémiere Divifion à 2. heures après midi, & donna ordre à l'Armée de le fuivre le foir. Les Tentes & les Equipages reftérent dans le Camp. Le Général de Soltikoff étant arrivé à portée de l'Ennemi, alla le reconnoitre, & le trouva dans la même pofition.

Il posta toute sa Division derriére des Ravins; mais, après le coucher du Soleil, il la fit avancer sur des Hauteurs, & il y établit d'abord des Batteries. L'Armée arriva fort tard dans la nuit, & elle la passa au bivouac. Le Comte de Soltikoff la rangea sur 2. Lignes, le nouveau Corps en partie sur la gauche, en partie en réserve, & en potence. La droite se porta sur une Hauteur, qui coupoit le chemin de Crossen, & formoit de même l'Equerre.

Le 23. à 2. heures du matin, le Général de Soltikoff fut de nouveau reconnoitre l'Ennemi. Il vit, qu'il travailloit à force à perfectionner ses Retranchemens & ses Batteries: ce qui fit croire, que l'Ennemi tiendroit pied ferme. Mr. de Soltikoff fit marcher son Armée en ordre de Bataille par sa droite, & la plaça sur le flanc gauche des Prussiens, qui, aprés avoir reconnu cette position, furent obligés de changer leur front, marchant par leur gauche, pour gagner le flanc des Russes. Là-dessus Mr. de Soltikoff manœuvra de façon à ne pas laisser prendre cet avantage à l'Ennemi. Il se proposa de gagner par sa droite les bords de l'Oder, s'il étoit possible de le tourner.

Quant à Mr. de Wedel, son but étoit d'arriver à Crossen; &, voyant que la manœuvre du Général Russien dérangeoit son dessein, il décampa, & prit la route de Crossen. Ce fut là le moment, où les Russes le prévinrent. Ils établirent

rent des Batteries fur cette route; & à une heure après-midi, les Pruſſiens ſe ſentirent canonnés, dans le moment qu'ils s'y attendoient le moins. Malgré cette canonnade, le Général Pruſſien prit la réſolution de forcer le paſſage. Il ſe mit vis-à-vis des Ruſſes en ordre de Bataille ſur des Hauteurs, dont la crête étoit dominée par des Bois, & le bas protégé par un Marais, dont il a paru enſuite que Mr. de Wedel n'avoit pas connoiſſance. Les Pruſſiens engagérent le combat par une très-vive canonnade, qui dura depuis 2. heures après-midi jusqu'à 3. & demie, tâchant d'entamer les Ruſſes par leur front. Le local & la bonne poſition, que ceux-ci y avoient pris, ne permit qu'à un petit nombre de Régimens de la gauche des Pruſſiens de ſe porter ſur les Ruſſes; & ils ne pouvoient être ſoutenus par ceux de la droite. L'Artillerie Ruſſienne ſe trouva heureuſement placée, de maniére que l'Ennemi ne put gagner du terrein; & le feu de la Mouſquéterie, qui commença à 4. heures, l'obligea à ſe retirer. L'Ennemi fit une autre tentative en traverſant le Bois, par lequel le Général Pruſſien fit défiler des Troupes, & attaqua la gauche des Ruſſes près du Centre. Cette manœuvre n'eut pas plus de ſuccés, que la première. Le feu de la Mouſquéterie ceſſa pour quelque tems; & l'Armée Ruſſe croyant la Bataille finie, cria Victoire, mais dans ce moment l'on vit arriver des Huſſars & des Coſaques chaſſés & dé-

i 4

logés

logés de l'embouchure du Bois. Peu de tems
après on vit arriver des Pruſſiens formés en
trois Colonnes. Ils s'avancérent très vivement
En arrivant, ils ſe déployérent tout de ſuite à
droite & à gauche, commençant l'attaque par la
gauche, & peu après par la droite, de façon
que l'affaire devint générale. Il eſt incroyable
avec combien de bravoure la première Ligne
des Ruſſes ſoutint cette attaque. Elle ne fut
jamais rafraichie pendant le combat, & la ſeconde Ligne n'a point tiré un coup de fuſil. Le
feu de la Mouſquéterie dura pendant deux heures avec une vivacité ſurprenante. A 8. heures,
le gain de la Bataille fut décidé en faveur des
Ruſſes, & les Pruſſiens ſe retirérent en déſordre.

La perte des Pruſſiens eſt évaluée à 2000.
Hommes de tués; &, quoiqu'ils aient emmené
leurs bleſſés ſur 500. Chariots, il n'en eſt pas
moins reſte 1700. aux Ruſſes, outre 3000.
Déſerteurs. La perte des Ruſſes peut aller à
1500. tués & environ 3000. bleſſés. Le Général Demicow eſt du nombre des morts. Les
Trophées conſiſtent en 21. Canons, 6. Drapeaux, & 3. Etendarts. Les Pruſſiens ſe ſont
rétirés à un quart de mile du Champ de Bataille
ſur des Hauteurs entourées de Marais. De-là
ils marchérent le 24. dans leur ancien Camp de
Zullichau, non pour s'y arrêter; mais pour paſſer l'Oder derriére cette Ville, que Mr. de Soltikoff reſolut de paſſer pareillement. On détacha

cha le 24. le Prince Wolkowsky avec 3. Régimens d'Infanterie & 2. de Cavalerie, foutenus
par la Divifion du Général de Villebois, pour
fe faifir du grand Magazin de Croffen.

Les Armées Autrichiennes & Pruffiennes
étoient encore au commencement de Juin dans la
même pofition qu'auparavant. Les Troupes,
dont l'Armée du Roi de Pruffe étoit compofée,
faifoient toujours des marches & des contre-marches: De forte que fon Camp étoit,
tantôt plus, tantôt moins confidérable. Il
augmentoit cependant par les Troupes, qui
s'y rendoient peu à peu des Villages où elles
avoient été en quartier. Le Général de Seidlitz, qui avoit été à Hirfchberg, avoit joint le
5. Juin avec fon Corps l'Armée du Roi, dont
le Quartier-Général étoit toujours à Reich-Hennersdorf. Le Corps du Général Fouquet continuoit de cantonner dans les environs de Reichenbach.

Dans la Saxe, le Général de Linfeld fe trouvoit à Plawen & fes Poftes avancés à Hoff. Le
Prince Henry avec le Général de Knobloch s'é-
toit mis en marche à la tête de 18000. Hommes vers Torgau, où il paffa l'Elbe pour fe
porter de Luface en Siléfie. Le refte de l'Armée,
qui confiftoit en 16. mille hommes environ,
occupoit le Camp avantageux de Tchoppau fous
les Ordres des Généraux d'Itzenplitz & de Finck

i 5   &

& on transporta à Torgau & à Magdebourg beaucoup de bagages, une bonne partie des Magazins, tous les Malades & les Prisonniers.

Le 1er Juillet un Corps du Général Fouquét campoit à Petrowitz où il avoit établi son Quartier, & cantonnoit aux environs de Franckenstein. Ses Postes avancés occupoient le passage de Warthe & de l'Abbaye de Camentz, & ses Patrouilles s'étendoient le long de la Neiss, dont il avoit fait abbatre tous les Ponts. Le 21. de Juin il fit bruler le Moulin à Poudre de Patschaw, ayant employé à cette Expédition de l'Infanterie & du Canon.

Du côté des Autrichiens, le Général Haddick, qui se disposoit à tenter une Entreprise dont on l'avoit chargé, avoit passé Falckénau le 15. Juin, & poursuivoit sa marche dans le Cercle de Saatz. Les Prisonniers Prussiens faits en différentes rencontres, furent envoyés sous bonne escorte à Egra: parmi ces Prisonniers étoient divers Officiers.

Dans le Silésie, le Marquis de Ville quita Hermstadt le 24. May, & rentra dans son Camp à Dierkunzendorf. Le 1. Juin, 14. Bataillons & autant de Compagnies de Grenadiers reçurent ordre de marcher par Grulich à Solnitz en Bohème; & Mr. de Ville se porta avec le reste du Corps à Weidenau, pour resserrer d'autant plus celui du Général Fouquet, qui avoit repassé la Neiss. Le 9. le Général de Ville fit occuper

per un Camp fur les Hauteurs de Duchelsdorf près de Johannes-Berg ; & il établit le 1ᵉʳ Juillet fon Quartier au Village de Wilfchitz, fes Poftes avancés s'étendant depuis Weifswaffer le long de la Neifs. On detacha vers l'Oder une partie des Troupes légères, fous les ordres du Général Comte de Renard, pour faire des courfes jufques au-delà d'Oppelen ; en tirant des Contributions & des Fourages de tout le Pays en deçà de la Neifs. Ce Général envoya au Camp de Wilchitz en deux différentes reprifes les Prifonniers, tant Huffars, que Fantaffins qu'il avoit fait fur la Garnifon de Cofel.

Comme il étoit arrivé depuis peu de jours, à Weifswaffer 1500. Croates, quelques Ulans & Huffars, & que ce Pofte gênoit beaucoup l'Ennemi, celui-ci tâcha de s'en emparer. Dans cette vûe, 2. Bataillons de Grenadiers, 6. Efcadrons de Cavalerie, & autant de Huffars, s'en approchèrent le 30. Juin de grand matin avec 4. Canons. Le Lieutenant-Colonel de Calineck pofta des Croates dans les Grains & les Brouffailles à droite & à gauche de la Montagne, où il campoit. Comme la Cavalerie Pruffienne ne pouvoit pas agir, elle s'étoit cachée derrière un Bois ; & deux Bataillons, fortis de Glatz, devoient auffi attaquer ce Pofte en flanc. Les Grénadiers commencèrent l'attaque, en montant la Montagne, & faifant grand feu de

leur

leur canon. Les Croates se retirèrent peu-à-peu encore plus haut; mais lorsque Mr. de Calineck vit les Ennemis assez avancés, il les fit attaquer de front & en flanc. Etourdis par l'impétuosité de l'attaque, ils prirent la fuite, en abandonnant 2. Canons, que l'on tourna d'abord sur eux; & les Croates les poursuivirent bien avant dans la Plaine, où la Cavalerie ennemie, qui sortit alors, couvrit les fuyards. Les deux Bataill. de Glatz débouchèrent en même tems; Mais un Capitaine de Croates, qui, avec 60. Hommes, gardoit les Canons sur la Montagne, leur fit tirer quelques volées. Cette reception & la déroute de leurs camarades, qu'ils virent du haut de la Montagne, leur fit prendre le parti de la retraite: Ils se reformèrent cependant dans la Plaine, comme s'ils avoient dessein de revenir; Mais Mr. de Ville ayant détaché 6. Escadrons, & tous les Ulans s'étant montrés, ils répassèrent la Neiss près de Warthe. Ils ont eu 140. morts & plusieurs blessés. Les Majors Breithwitz & Bouron, ainsi que 2. Capitaines, furent du nombre des prémiers. Plusieurs Déserteurs, qui les avoient quités pendant la fuite, se joignirent aux Croates, & firent un feu très-vif sur l'Ennemi. Il s'en trouva déja plus de 40. & quelques Prisonniers. Il n'y eut du côté des Autrichiens qu'un Ulan & quelques Croates de tués, plusieurs blessés, & un douzaine, pour-

suivant

fuivant trop vivement l'Ennemi, ont été coupés par leurs Huffars.

Après le retour du Comte de Lafci, que le Veld-Marechal Comte de Daun avoit envoyé à Vienne, ce Général informé que le Roi de Pruffe avoit fon Quartier-Général à Reich-Hennersdorf & que les Principales forces Pruffiennes continuoient d'être à Landshut & dans les environs, donna le 27. Juin l'ordre, que tout fût prêt à marcher le lendemain.

En conféquence le Maréchal Comte de Daun quitta le 28. le Camp de Schurtz avec 33. Régimens d'Infanterie chacun de 3. Bataillons, & 126. Efcadrons compofés de 15. Régiment de Cavalerie & de Huffars. Cette Armée fe partagea en deux Colonnes. La première, compofée de la première ligne de l'Infanterie de l'Armée & de la Cavalerie de deux lignes de la droite, marcha fur Horzitz fous les ordres du Baron de Buccow, Général de Cavalerie. L'Artillerie de Réferve prit la même route, ainfi que le Corps & le Régiment d'Artillerie. Le Comte O-Donel, Général de Cavalerie, & le Baron de Sincére, Général d'Infanterie, dirigèrent leur marche fur Neudorf avec la feconde Colonne, compofée de la feconde ligne de l'Infanterie de l'Armée & de la Cavalerie de la gauche. Mr. le Maréchal marcha avec elle, ainfi que le Quartier-Général. Les Baron de Beck & de Laudon, Lieutenans-Généraux,

restè-

reſtèrent avec les Troupes légères à Trautenau & à Politz; mais leur Infanterie & Cavalerie Allemande marchèrent à Pleſs & à Schurtz, ces Troupes étant deſtinées à former avec quelques mille Croates & Huſſars un Corps conſidérable ſous les ordres du Comte de Harſch, Général d'Infanterie, pour couvrir de ce côté-là le Royaume de Bohême après le départ de l'Armée. L'Infanterie & la Cavalerie, que ce Général avoit commandé jusqu'alors à Neuſtadt, ſe raſſemblèrent le même jour 28. à Pleſs, pour former la troiſième Colonne de l'Armée ſous les ordres du Duc d'Aremberg, Général d'Infanterie, qui partit de Schurtz pour en aller prendre le Commandement.

Le 29. Juin le Baron de Buccow ſe porta à Gitſchin, Mr. le Maréchal à Lomnitz, & le Duc d'Aremberg à Hortzitz. Mr. de Laudon quita Trautenau, & marcha par Arnau à Hennersdorf, & Mr. de Beck vint camper près d'Eypel. On apprit le ſoir, que le Roi de Pruſſe étoit venu l'après-midi reconnoître du côté de Schatzlar avec quelques Régiment d'Infanterie & de Cavalerie, quelques Bataillons Francs, un gros de Huſſars, & de l'Artillerie; mais qu'il s'étoit enſuite retiré: Surquoi les Poſtes avancés, que la diſproportion du nombre avoit obligé de ſe replier, avoient repris leur ancienne poſition.

Le 30. Mr. de Laudon s'avança ſur Hochſtadt, & Mr. de Beck le remplaça à Hennersdorf.

dorf. Le Comte de Daun apprit le foir fort tard, qu'un Corps d'environ 12000. Pruffiens avoit pénétré l'après-midi fur les 2. heures à Schatzlar, & y avoit pris pofte; Qu'il avoit enfuite envoyé un Détachement confidérable à Trautenau, où il s'étoit auffi établi; & qu'à l'apparition d'un Corps fi fupérieur, les Poftes avancés s'étoient retirés à tems.

Le 1er Juillet, la première Colonne de l'Armée fe porta à Turnau, la feconde à Bredl, où le Quartier-Général s'établit, & la troifième à Gitfchin. Mr. de Laudon marcha à Jablunzen; mais Mr. de Beck garda fa pofition.

Le mouvement des Pruffiens par leur marche fur Schatzlar, occafionna aux Autrichiens la perte de 20. Hommes; & un Capitaine du Régiment de Rudolphe Palfi fut bleffé & fait prifonnier, ainfi que 2. Huffars.

L'Armée du Maréchal de Daun ayant continué fa marche, les deux premières Colonnes arrivèrent le 2. à Reichenberg du Camp de Bredl. Le Général Baron de Buccow avoit conduit la première, & la feconde avoit marché fous les ordres du Veld-Maréchal Comte de Daun. Le Duc d'Aremberg, à la tête de la troifième, s'avança de Gitfchin à Turnau. Le Baron de Laudon marcha avec fes Troupes légères de Jablunzen à Bufch-Ullersdorf; & le Baron de Beck fe porta avec les fiennes de Hennersdorf à
Hoch-

Hochſtadt. On apprit ce jour-là, qu'une Colonne de l'Armée Pruſſienne, qui campoit à
Landshut, & qu'on aſſûroit être compoſée d'un
Régiment de Cuiraſſiers, d'un de Dragons, &
de deux d'Infanterie, s'étoit miſe en marche à
la hâte ſur Hirſchberg le 30. du mois dernier à
2. heures après minuit; Et que ce Corps, que
commandoit le Général de Seidlitz, avoit pouſ-
ſé le 1. de ce mois jusqu'à Löwenberg. Le
Corps ennemi, qui avoit pénêtré par Schatzlar
en Bohême, ſe campa ſur 2. lignes, s'étendant
depuis Alſtadt jusqu'à Hohenbruch. Le Général-Major Baron de Jahnus ayant été attaqué à
Teutſch Brausnitz, avoit, vû l'inégalité des
Forces, pris le parti de ſe retirer derrière les
abbatis qui étoient dans ces environs, & ſa
retraite ne lui a rien coûté.

MEMOIRES

POLITIQUES & MILITAIRES,

POUR SERVIR à

L'HISTOIRE

DE NOTRE TEMS.

No. X.

OPÉRATIONS DES ARMÉES IMPÉRIA-LES & DE LEURS HAUTS ALLIÉS EN 1759.

L'Armée Impériale continua sa Marcha, & le 3. Juillet le Duc d'Aremberg arriva de Turnau, à Reichenberg, avec la troisième Colonne. Comme les Troupes qui avoient été à Neustadt, étoient aussi arrivées, on fit camper l'Armée selon l'ordre de Bataille, formé en conséquence de ce changement. Le Baron de Laudon resta ce jour-là à Busch-Ullersdorf, & le Baron de Beck à Hochstadt. Ce même jour les Ennemis en vinrent aux mains avec les Croates qui étoient dans l'abbatis; l'affaire dura depuis les 3. heures & demie jusqu'à 9. heures du matin; mais à l'approche d'un Detachement de Cavalerie & de Dragons du côté de Kesselsdorf, qui avoient repoussé les Gardes avancées des Prussiens, ils se retirèrent dans leur Camp entre Hohenbruch & Alstadt, après avoir redoublé

k

leurs

leurs Gardes avancées, & les avoir rapprochées
du Camp. Les Prufliens fe tournèrent enfuite
plus du côté d'Arnau; mais, à la vûe de plufieurs Dragons, ils fe replièrent de nouveau fur
leur Camp, après avoir pofté un gros de Cavalerie fur une Hauteur au-deffous de Kottwitz.

La difficulté que l'Artillerie de Réferve,
trouva dans le Pays montueux qu'elle avoit à
paffer & par les Chemins rompus par les Pluyes
continuelles tombées depuis quelques jours,
retarda la marche. En attendant, Mr. de Laudon fut détaché avec un Corps de 2000. hommes, pour entrer en Siléfie, & s'avancer jufqu'à la vûe des Prufliens, pour s'inftruire de
leurs mouvemens.

Le 5. l'Armée marcha en 5. Colonnes par
différentes routes fur Friedland. L'Artillerie de
réferve & le Bagage fuivirent leurs Colonnes par
le grand chemin; mais la Réferve refta au Camp
de Reichenberg fous les ordres du Baron de Sincère, Général d'Infanterie. Le Général Baron
de Laudon s'avança de Friedland vers l'Ennemi
à la tête de 2000. Chevaux, divifés en deux
Colonnes, dont la première marcha fur Marck-
Liffa fous les ordres du Comte de Caramelli,
Général-Major, qui détacha de-là un petit
Corps à Laubau, & fe porta avec le refte à Löwenberg. Mr. de Laudon conduifit l'autre Colonne à Friedberg & Greiffenberg. Il repouffa
une forte Patrouille d'Ennemis, qu'il trouva

dans

dans ce dernier endroit; &, pénétrant enfuite du côté de Hirfchberg, il rencontra à Lieben-thal quelques centaines de Huffars des Régi-mens de Ziethen & de Möhring, qui furent encore repouffés, après avoir eu beaucoup de morts & de bleffés, & perdu 2. Bas-Officiers & 30. Huffars, qui furent faits prifonniers de guerre. Cependant quelque Cavalerie, qui s'étoit mife à la pourfuite des Ennemis, s'étant laiffé emporter par trop d'ardeur, fut coupée; & il en refta environ 80. hommes prifonniers. Il n'y eut d'ailleurs que 3. hommes de tués & 7. bleffes. Quantité de Déferteurs, confirmèrent unanimement, qu'il y avoit entre Hirfchberg & Löwenberg un Corps de 12. à 15. mille Pruf-fiens fous les ordres du Général de Seidlitz, qui avoit porté fon Infanterie à Lahn & fa Ca-valerie à Lang-Waltersdorff. C'étoit le même Corps, qui s'y rendit de Landshut le 30. Juin. Sur ces avis, Mr. de Laudon rappella Mr. de Caramelli, & raffembla fon monde à Gebharts-dorff, d'où il en avoit détaché une partie à Mark-Liffa.

Le Veld-Maréchal Comte de Daun apprit le 5. Juillet au matin de la part du Général Comte de Harfch, que le Corps ennemi, qui, après que l'on eut quité le Camp de Schurtz, étoit venu fe pofter à Trautenau, s'étoit retiré le 4. à mi-nuit fur Landshut, faifant marcher une de fes Colonnes par Schatzlar & l'autre par Königs-

k 2

hayn,

hayn, quoiqu'il eût fait venir des Ouvriers pour travailler à des retranchemens, & qu'il parût se disposer à passer l'abbatis, & pénétrer plus avant dans le Royaume. Pour cacher d'autant mieux leur retraite, les Prussiens avoient fait fermer les Portes de Trautenau, & laissé à chacune d'elles une Garde de 50. hommes avec ordre de faire feu sur quiconque voudroit les observer; & ils avoient emmené en ôtages le Bourguemaître & le Sindic, qui revinrent cependant vers les 7. heures avec les Clefs de la Ville, d'où les 50. Hommes de garde avoient suivi le Corps dès les 4. heures. Aussi-tôt que les Postes avancés du Baron de Jahnus s'étoient apperçus de la retraite de l'Ennemi, ils en informèrent ce Général, qui fit d'abord occuper de nouveau Kayzerswald & Trautenau.

Le Général Baron de Gemmingen eut ordre ce jour-là d'aller à Gabel remplacer le Général-Major de Vehla, qui se porta à Ullersdorf en Lusace.

On fut informé de la part du Général de Haddick, qu'il étoit arrivé avec son Corps dans les environs de Töplitz; & que l'on assûroit, que les Troupes ennemies, qui étoient à Hartenstein, Losnitz, Ehrenfriedersdorf, & Wolckenstein en Saxe, avoient marché sur Tschoppau.

Le 6. l'Armée arriva à Marck-Lissa en 4. Colonnes de Friedland, où les gros Equipages se restèrent;

tèrent; mais le Bagage ordinaire suivit les Colonnes, qui avoient été précédées de trois heures par les Grenadiers & Carabiniers pour garnir les Hauteurs. La Réserve arriva de Reichenberg à Friedland, aussi-tôt que l'Armée en
fut partie. Comme Mr. le Maréchal vouloit
voir entrer les Troupes dans le Camp, le par-
courir, & en éxaminer la situation, il ne vint
que fort tard au Quartier-Général, où il apprit,
que la plus grande partie du Corps du Général
Fouquet s'étoit rendue à Landshut, le Roi de
Prusse en ayant marché la veille sur Hirschberg
avec la plus grande partie de son Armée. Mr.
de Gemmingen arriva le 6. à Gabel, d'où il devoit se porter à Ullersdorf, pendant que Mr. de
Vehla iroit se poster à Hirschfeld ou à Ostritz.

Le 7. Juillet le Baron de Sincère arriva avec la
Réserve de Friedland au Camp de Marck-Lissa. Le Veld-Maréchal Comte de Daun apprit
le 9. qu'en conséquence de ses Ordres, le
Général Baron de Gemmingen étoit arrivé la
veille à Ullersdorf; & qu'à son arrivée, le Général-Major de Vehla avoit marché sur Ostritz,
d'où il avoit poussé un Détachement à Görlitz:
Après quoi il s'étoit posté de façon, que ses
Postes avancés patrouilloient jusqu'à Bautzen,
Reichenbach, Rothenberg, & Lauban. On
fut informé le même jour de la position du Général de Haddick. Il se trouvoit avec son Corps
à Aussig, à même de soutenir le Général de

k 3

Brenta-

Brentano, qui étoit en avant, au cas què l'Ennemi marchât en force à lui : Ainsi, le Royaume de Bohême étoit couvert de ce côté-là ; & l'on pouvoit croiser les desseins, que l'Ennemi pourroit vouloir former contre l'Empire. En effet, les arrangemens du Prince Henri de Prusse firent connoître, qu'il craignoit quelque diversion en Saxe. Ses Patrouilles étoient plus fortes, qu'elles ne l'avoient été. Une de chaque côté, d'environ 100. hommes, firent feu l'une sur l'autre : Les Autrichiens eurent un homme de tué & 2. blessés. Les Ennemis se retirèrent ; quoique leur perte ne fût guères plus forte. Le Comte de Harsch avoit marché le même jour 9. sur Trautenau, aprés en avoit reconnu les environs, & fait les dispositions nécessaires. Le Marquis de Ville, qui avoit laissé un Corps suffisant pour couvrir la Moravie, l'étoit venu joindre avec le reste de ses Troupes. Le Baron de Beck se porta ce jour-là à Neustadt, & le 10. à Gebhardsdorf, d'où le Général de Laudon passa à Lauban. On apprit ce dernier jour, que le Roi de Prusse étoit avec son Armée du côté de Löwenberg au delà du Bober, où Mr. le Maréchal alla le reconnoître de grand matin.

Mr. le Maréchal a alla de nouveau reconnoître le 11., & il reçut d'ailleurs avis, que toute l'Armée ennemie campoit en deçà du Bober entre Liebenthal & Greiffenberg, le Roi ayant son Quartier-Général à Gerishoffen. Quant au
Corps,

Corps, qui étoit resté à Landshut, le Comte de Harsch l'estimoit composé de 12. Bataillons & de 20. Escadrons.

Le 12. de Juillet, le Général de Laudon poussa des Détachemens considérables à Naumbourg & à Sagan, pour sçavoir ce que les Ennemis faisoient de ce côté-là. Un Détachement de Dragons, que l'on avoit envoyé à Buntzlau, y arriva au moment, que 100. Hussars Prussiens, qui venoient d'en sortir, avoient pris poste sur la Hauteur la plus à portée de cette petite Ville, où l'on envoya cependant un Caporal & 3. Dragons; surquoi les Hussars ennemis y accoururent, & les enlevèrent: Déjà ils les emmenoient prisonniers, lorsqu'une autre Patrouille s'en apperçut, & courut à eux: On leur tua quelques Hommes, on leur arracha les Prisonniers, & l'on en fit un sur eux. Le Marquis de Ville se joignit ce jour-là avec la Cavalerie de son Corps à celui du Comte de Harsch dans le Camp de Trautenau.

Le 13. les Généraux Haddick & Gemmingen donnèrent avis, que le Général de Finck campoit ce jour-là entre Bischofswerda & Pulsnitz; & que le Prince Henri de Prusse le suivroit incessamment avec le reste de son Corps. En conséquence on fit des Détachemens suffisans pour mettre à l'abri de toute incursion Hanspach, Rumbourg, Schluckenau, & les environs.

k 4

Le

Le Veld-Maréchal Comte de Daun alla le même jour 13. dans la matinée reconnoître la pofition du Général Baron de Laudon, & l'après-midi celle du Général Baron de Beck. On apprit ce jour-là, que l'Infanterie du Corps du Marquis de Ville étoit entré le matin au Camp de Trautenau : Et que le 12. le Comte de Harfch en avoit fait un Détachement, qui s'étoit porté derrière Liebau, & avoit pouffé jusqu'au-delà de l'endroit, nommé Fraule-Brucken, les Poftes ennemis, auxquels il avoit tué bien du monde, n'ayant eu de fon côté que 8. hommes, tant morts, que bleffés ou pris.

Le 14. le Comte de Harfch manda à Mr. le Maréchal, que Mr. de Ripke, Major dans le Corps de l'Etat-Major de l'Armée, & Mr. de Dainhoff, Major au Régiment de Brood, avoient attaqué à Friedland les Bataillons-Francs ennemis ; que ceux-ci avoient beaucoup fouffert ; & qu'on leur avoit pris un Lieutenant-Colonel, 2. Capitaines, 5. Lieutenans, & 146. hommes, fans compter ceux, qui ont été reconnus Déferteurs Autrichiens : Il s'y en eft trouvé un affez grand nombre ; & on les a livrés aux Régimens, auxquels ils ont appartenu. Il n'y a eu à cette occafion qu'un Huffar & un Croate tué.

Le 15. Mr. le Maréchal alla l'après-midi reconnoître la fituation des Ennemis, qui fe retranchoient extrêmement dans leur Camp. On apprit, que les Poftes avancés du Général de Finck

Finck étoient arrivés la veille à Bautzen, & que
le Prince Henri continuoit sa marche sur Hoyerswerda.

Le 16. Juillet le Veld-Maréchal Comte de
Daun donna ordre à la Réserve de se tenir prête
à marcher le lendemain. Le même jour, on
apprit, que le Prince Henri de Prusse avoit fait
jetter des Ponts sur l'Elbe; mais que son Corps
cantonnoit encore près de Dresde, à la réserve
de 5. Bataillons, qui étoient allés joindre le
Général de Finck. On fut informé en même
tems, que le Général de Plotho étoit arrivé le
13. de Hall à Chemnitz avec 3. Régimens d'Infanterie; & qu'il avoit pris le commandement
des Postes de Tschoppau, Annaberg, & Wolckenstein. Surquoi le Général de Haddick avoit
marché le 15. d'Aussig à Leitmeritz, d'où il
avoit détaché vers Gross-Pollitz le Général
Comte Rudolphe de Palfi avec 2. Régimens de
Hussars, 50. hommes de Cavalerie Allemande,
& quelque Infanterie.

Le 17. au point du jour, la Réserve marcha sur une Colonne à Lauban sous les ordres
du Duc d'Aremberg. La Cavalerie ouvrit la
marche; elle étoit suivie des Bataillons de Grenadiers, & la clôture se fit par l'Infanterie. Mr.
le Maréchal se porta lui-même l'après-midi à
Lauban, pour reconnoître la position qu'avoit
pris ce Corps, & ensuite celle de l'Ennemi.

k 5

Le

Le 16. Juillet au soir, le Comte de Harsch quitta le Camp de Trautenau, & marcha toute la nuit sur Barthelsdorff. Le 17. il continua sa marche, la dirigeant sur Schömberg.

Le Général de Haddick quitta le même jour 17. le Camp de Leitmeritz, & occupa celui de Drum, après avoir fait repasser l'Elbe aux Régimens de Harrach & de Hildbourghausen, Infanterie, & à celui de Pretlack, Cavalerie, pour soutenir le Général de Brentano, qui étoit avec quelques Troupes sur les Frontières de Saxe.

Le 18. on assûroit positivement, que le Prince Henri avoit passé l'Elbe près de Dresde; & qu'il s'étoit posté entre Weissig & Bila.

Le 19. Juillet les ordres furent expédiés au Général de Haddick de faire marcher son Corps à Gabel, & de se rendre en personne à Marck-Lissa, pour recevoir de bouche les Instructions de Mr. le Maréchal, sur la manière dont il devoit opérer avec un Corps de plus de 30. mille hommes, qu'il alloit avoir sous ses ordres.

En conséquence, les Troupes de Mr. de Haddick se portèrent le 20. par Böhmisch-Leipa sur Gabel; & vers le soir, ce Général arriva au Quartier-Général. Le Baron de Gemmingen, Lieutenant-Général, qui devoit servir sous lui, porta ses Troupes d'Ullersdorff à Euldorff; & comme, vû la nouvelle destination du Général de Haddick, il devenoit nécessaire de prendre d'autres arrangemens pour observer

les

les mouvemens éventuels des Ennemis sur l'Elbe, & en deçà de cette Rivière, Mr. le Maréchal détacha dans ces environs un Corps convenable sous les ordres du Lieutenant-Général de Maquire.

Le Général-Major de Vehla qui devoit être du Corps de Mr. de Maquire, porta le 21. ses Troupes légères sur Rumbourg, pour couvrir les Frontières contre les incursions de l'Ennemi. Le Baron de Gemmingen, de son côté, marcha à Gros Hennersdorff. Le Général de Laudon, qui devoit servir aussi sous le Général de Haddick, mena son Corps à Radmeritz: le Général de Beck, qui étoit à Gebhardsdorff, vint le remplacer à Lauban; & le Marquis d'Aynse, Lieutenant-Général, prit poste à Gebhardsdorff.

Les Troupes, qu'avoit commandé jusqu'alors le Général de Haddick, se remirent en marche le 22. & arrivèrent à Gros-Hennersdorff, où se fit leur jonction avec celles du Baron de Gemmingen.

Les premiers soins de Mr. de Haddick furent de se mettre à même d'être exactement informé de la position & des mouvemens de l'Ennemi. A cet effet, il fit marcher le 23. vers Lœbau un Détachement considérable de Hussars & de Cavalerie Allemande sous les ordres du Général Rudolphe de Palfi, qui devoit envoyer de grosses Patrouilles de tous côtés. Le Géné-

ral

ral de Maquire marcha ce jour-là de Kemnitz sur Kreglitz, & le Général Brentano avec ses Huffars & Croates fur Nollendorff. Le Général de Laudon se porta à Görlitz.

Le Marquis de Ville, qui remplaça le Comte de Harfch, que l'altération confidérable de fa fanté avoit obligé de fe rendre à Königsgratz, manda le même jour, qu'ayant marché le 21. avec tout le Corps à Conradswald, l'Ennemi s'étoit préfenté avec 10. Bataillons & 12. à 14. Efcadrons; Qu'il avoit attaqué le Général de Jahnus, qui pendant la marche couvroit le flanc du Corps; que les Pruffiens avoient compté de le faire reculer par une canonnade des plus vives; mais que fes Troupes les avoient fi bien réçus, qu'ils étoient retournés dans leur Camp de Landshut.

Le 23. au matin, le Veld-Maréchal Comte de Daun alla à cheval à Gebhardsdorff, voir la pofition que les Grenadiers y avoient prife, depuis que le Général de Beck s'étoit porté à Lauban, & celle que le Marquis d'Aynfe venoit d'y occuper avec quelques Régimens d'Infanterie Allemande.

Le 24. Mr. de Haddick partit à 2. heures de l'après-midi de fon Camp de Gros-Hennersdorf pour Lœbau, d'où il avoit fait marcher le Général de Palfi du côté de Hochkirch; l'Ennemi fit attaquer à la pointe du jour un des Poftes avancés, confiftant en 140. Huffars, par 5. Efca-

Efcadrons de fes Huffars, & 100. hommes de
es Bataillons Francs; les Huffars Autrichiens
es repouflèrent, en prirent foixante, & fabrèrent
plufieurs autres; mais trop animés, ils s'étoient
allé jetter dans une embufcade, où il y avoit
de l'Infanterie, de la Cavalerie, & du Canon;
ils y ont perdu du monde; Mr. Czödö, Lieutenant-Colonel du Régiment de Haddick, y
fut entre autres fait prifonnier.   L'Ennemi
s'eft enfuite avancé; mais voyant une Colonne
marcher à lui, il fe retira.   Le Général de Maquire marcha ce jour-là vers Zeitzlar, & le Général de Brentano fur Geishubel.

Le 25., dans le tems que les Bagages de l'Armée du Prince Henri de Pruffe défiloient vers
Sprchenberg, ils reçurent ordre de retourner à
l'Armée, qui étoit à Kamentz.   Le Général de
Laudon marcha ce jour-là fur Rothenbourg.   Il
fit fçavoir à Mr. le Maréchal, que le Prince Frédéric de Würtemberg s'étoit porté à la hâte &
à l'imprévu fur Buntzlau, d'où il avoit marché
vers Freiwalde.

Le 26. Juillet, le Veld-Maréchal Comte de
Daun fit marcher 2. Régimens d'Infanterie &
un de Cavalerie avec l'Artillerie & les Munitions
néceffaires, pour aller par Görlitz à Rothem-
bourg renforcer le Général de Laudon.   Suivant les avis, qu'on reçut ce jour-là, le Prince
Henri de Pruffe avoit campé la veille à Königs-
ward, où il avoit établi fon Quartier-Général;

&,

&, cómme le Général de Haddick avoit marché fur le foir de Lœbau à Lœnau, le Général de Finck n'avoit pas jugé à propos de refter plus longtems à Bautzen ; mais il s'étoit mis en marche la nuit du 26. au 27. portant la plus grande partie de fes forces fur Hoyerswerda, & faifant marcher le refte fur Marieuftern.

Le Général de Maquire, de fon côté, pour être d'autant mieux inftruit de ces mouvemens, & ne point perdre l'Ennemi de vûe, alla camper entre Bifchofswerda & Putzke, d'où il envoya plufieurs Détachemens à la découverte, faifant en même tems occuper Stolpen, que les Ennemis avoient abandonné la veille pour fe retirer à Dresde.

Le 27. Mr. de Haddick fut informé, que le Prince Henri avoit dirigé fa marche en avant vers Moska: Surquoi il marcha le long de la Sprée jufqu'aux environs de Klix. D'un autre côté, on apprit, que le Prince de Würtemberg avoit fait marcher fon Corps de Freywalde fur Pühran, parce que, vû la rareté de l'eau, il avoit été obligé de la faire tranfporter en tonneaux à fon Camp.

Le 28. on eut avis, que le Prince Henri étoit arrivé à Moska avec les Troupes qu'il commandoit; & qu'après les y avoir laiffé repofer pendant quelques heures, il les avoit fait marcher jufqu'à Sorau. On apprit par le raport unanime des Déferteurs de ce Corps, que, pour enga-

engager les Troupes à faire promtement une marche si fatigante, le Roi de Prusse leur avoit fait les plus belles promesses; les assûrant qu'a-près cela elles auroient du repos & de la tran-quilité. Mr. de Haddick, de son côté, avoit marché sur Krevée; & il arriva le jour même à portée de Warta.

Le 29. le Général de Haddick porta ses Troupes à Pribus, où Mr. de Laudon arriva aussi avec les siennes le même jour. Pendant la marche, ce dernier Général avoit appris, que le Prince de Würtemberg avoit quité Pührau la nuit précédente.

Mr. de Maquire s'étant approché du Corps du Général de Finck, qui étoit resté à Kamentz, il fit entrer quelques Troupes dans la Ville de Bautzen.

Les avis de ce jour-là apprirent, que le Roi de Prusse, à la tête de quelques mille hommes, s'étoit mis en marche vers les Rus-siens: Surquoi Mr. le Maréchal donna ordre à l'Armée de se tenir prête à marcher au premier commandement.

Je reprends l'Article de l'Armée de l'Em-pire dont le Prince de Deux-Ponts prit le 13. Juillet le Commandement. Après qu'elle eût resté jusqu'au 18. campée à Ilmenau, elle vint établir son Quartier-Général à Arnstadt.

Le 19. le Général de Kleefeld s'avança d'Ilm sur Weimar, & le Général de Luzinski de Gra-
fenthal

fenthal fur Jena: Ce dernier fit occuper le Pont de Köſſen par un gros Détachement de Croates & de Cavalerie. Ces deux Généraux obſervèrent tous les mouvemens des Ennemis, tant en Saxe, que dans le Pays d'Altenbourg & le long de la Sala.

Le 20. le Général de Ried porta ſon Corps par Mulhauſen & Bleichenroda dans le Pays Pruſſien de Hohenſtein, où il commença à lever de groſſes ſommes de Contributions, & emmena en ôtage 19. perſonnes de Condition pour la ſûreté de payement du reſte: on elles conduites à Mulhauſen furent & gardées par des Pandures. Il fit nombre de Priſonniers; s'avança par Klettenberg & Haſelfeld juſques vers Blanckenbourg, & fit occuper Nordhauſen, Aſchersleben, Ellerich, & Walkenried, pour pouſſer ſes Opérations plus en avant avec autant de diligence que de vigueur.

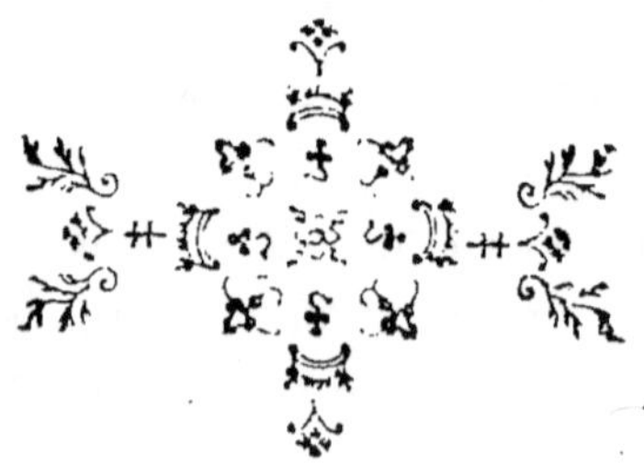

No. XI.

MEMOIRES
POLITIQUES & MILITAIRES
POUR SERVIR à
L'HISTOIRE
DE NOTRE TEMS.

N°. XI.

OPÉRATIONS DES ARMÉES IMPÉRIA-
LES & DE LEURS HAUTS ALLIE'S,
EN 1759.

Le Général de Ried, après avoir forcé sa marche avec autant de diligence que de secret, arriva le 21. Juillet au matin aux Portes de la Ville de Halberstadt avec tout son Corps. La Garnison s'étant hâtée de se retirer à Magdebourg, il prit d'abord poste dans la Ville, & conclut tout de suite une Convention, en vertu de laquelle la Ville & le Pays de Halberstadt s'obligeoient à payer la Somme de 800. mille Ecus: Mr. de Ried en reçut aussi-tôt 25. mille; & toute la Somme devoit être payée en 7. mois, à raison de 100. mille Ecus par mois, la Régence ayant donné les Otages nécessaires. Le Général, après avoir rempli son objet, quitta le 22. Halberstadt, & revint par Haselfeld à Klettenberg. Un gros Détachement, que l'on avoit

fait

fait de Leipzig pour ſecourir Halberſtadt, ſe jetta ſur ſon Arrière-Garde : mais, quoiqu'elle ne fût compoſée que d'un Lieutenant avec 30. Huſ-ſars, elle ſe tira d'affaire, & vint rejoindre le gros à Klettenberg.

Le même jour 22. le Général de Kolb, après s'être fait payer toutes les Contributions, im-poſées au Pays de Schmalkalden, rentra en li-gne à l'Armée. Il avoit cependant laiſſé dans la Ville de ce nom, une Garniſon proportionnée d'Infanterie & de Dragons, ſous les ordres du Comte de Brank, Colonel du Régiment de Saltzbourg.

Le 24. le Prince Henri de Pruſſe ayant paſ-ſé l'Elbe près de Dresde avec la plus grande partie de ſon Armée, marcha ſur Biſchofs-werda. Surquoi le Prince de Deux-Ponts fit ſortir du Camp d'Arnſtadt, ſon Aile droite ſous les ordres du Prince de Bade-Dourlach, pour ſe porter à Erfurth.

Le 25. cette Aile continua ſa marche juſ-qu'à Weimar, ayant été remplacée à Erfurth par le reſte de l'Armée, qui vint camper der-rière la Rivière de Géra, & établir à Erfurth le Quartier-Général.

Le 26. le Prince de Deux-Ponts alla à Erfurth éxaminer les Ouvrages & l'Artillerie de la Fortereſ-ſe de Péterſberg. Le Général de Luzinski s'avan-ça ce jour-là juſqu'à Zeitz, d'où il pouſſa ſes Patrouilles ſur la Mulda. Le Général de Klee-feld

feld alla prendre poste à Naumbourg, & fit occuper Pegau fur l'Elster, & Freiberg fur l'Un-
strut. Le Général de St. André, après avoir
laissé un gros Détachement à Cronach, vint
camper à Saalfeld, & fit occuper la Ville de
Jéna par les Régimens d'Esseren & de Dourlach.

L'Artillerie & la Réserve arrivèrent le 26.
d'Ilmenau à Erfurth. Le Veld-Maréchal Comte
de Serbelloni partit le même jour à 3. heures
après-midi pour Weimar; & le Quartier-Général décampa le 27. à 4. heures du matin, &
prit la même route.

On sçut dans ce tems-là, que le Détachement de Leipzig étant venu trop tard pour se-
courir Halberstadt, s'étoit jetté du côté de Halle.

On apprit aussi, que le Général de Ried s'é-
toit porté de Klettenberg à Heiligenstadt, d'où
il se disposoit à marcher sur Querfurth.

Le 28. le Quartier-Général se porta avec
l'Aile gauche à Weimar, où elle joignit la droite.

Les deux jours suivans, on ne reçut d'autres Nouvelles de l'Ennemi, sinon que le Prince
Henri de Prusse, en passant l'Elbe, laissa à la
rive gauche près de Dresde un petit Corps,
composé de Bataillons Francs, de Hussars, &
de quelque Cavalerie; & qu'un Bataillon étoit
venu de Torgau renforcer la Garnison de Leipzig, où l'on travailloit aux Fortifications.

Le 30. l'Armée se remit en marche, & alla
camper à Auerstadt; mais on établit le Quar-

tier-

tier-Général dans le Bourg de Saltza. Tous les Corps détachés changèrent aussi de position. Le Général de Luzinski marcha à Pegau, & le Général de Kleefeld à Weissenfels: celui-ci fit occuper Lutzen, & le premier Borna. Le Général de Ried eut ordre de se porter de Querfurth à Mersebourg, d'occuper Aschersleben, & de faire avancer le Général de Weczei vers le Pays de Halle. Le Général de St. André marcha, de son côté, de Saalfeld à Gera, & fit occuper Altenbourg. Les Régimens d'Efferen & de Dourlach, qui étoient à Jena, se portèrent à Naumbourg.

Il arriva alors à Erfurth deux transports d'Argent, d'Otages, & de Prisonniers, que Mr. de Ried avoit enlevés en Pays ennemi.

Le 1. Août l'Armée vint camper près de la Ville de Naumbourg, où le Quartier-Général fut établi. Les Régimens d'Efferen & de Dourlach, arrivés de Jéna, rentrèrent en Ligne.

Le 2. on apprit, que le Général Weczei étoit entré le 1. au matin dans la Ville de Halle, dont la Garnison, forte de 400. hommes, s'étoit retirée à Leipzig.

Le 3. le Lieutenant-Général de Rosenfeld fut détaché avec sa Brigade & quelque Cavalerie à Schafstel, tant pour couvrir le flanc gauche de l'Armée, que pour soûtenir les Opérations des Généraux Ried & Weczei.

Le

Le 4. on détacha le Lieutenant-Général de Trautmansdorf avec quelques Troupes à Weissenfels, pour y remplacer le Général de Kleefeld, qui devoit aller investir Leipzig, dont le Commandant fut sommé par le Baron de Widmann, Colonel & Aide de Camp-Général du Prince de Deux-Ponts. Un Détachement, sorti de cette Ville, apparemment pour reconnoître, fut attaqué par les Huffars du Général Luzinski, qui le dispersèrent, après lui avoir tué quelque monde, & fait 3. Prisonniers.

Le Baron de Widmann s'étant présenté avec un Trompette le soir aux Portes de Leipzig, ils furent conduits les yeux bandés chez le Général de Hauß, à qui ils remirent une Lettre, par laquelle S. A. S. le Prince de Deux-Ponts le sommoit de lui remettre la Ville, pour la garnir de Troupes de l'Empire jusqu'à la fin de la Guerre. On renvoya le lendemain le Trompette; mais Mr. de Widmann attendit la Réponse de Mr. de Hauß, & la Garnison se rangea le soir du 5. sur les Remparts, pour observer les mouvemens de Mr. de Widmann. Mr. de Hauß ne pût refuser la reddition de la Ville, parce que l'on avoit déjà coupé la Pleiße du côté de Zwickau à 2. miles de Leipzig, de façon qu'il ne lui restoit plus que l'eau de source & de pluye. D'ailleurs la Ville de Halle se trouvoit déjà occupée de 6000. Hommes de

 l'Arl'Armée de l'Empire ; & l'on fit sçavoir au Général de Hauss, que Leipzig n'étant pas une Place tenable, il pouvoit compter qu'ils mettroient le feu à Halle, & autres Places Prussiennes où ils pourroient arriver, aussi-tôt qu'il mettroit le feu aux Fauxbourgs de Leipzig.

Ces Considérations déterminèrent le Général de Hauss à arrêter avec le Baron de Widmann une Capitulation, en vertu de laquelle la Garnison sortiroit de la Ville avec tout ce qui lui appartenoit. Les Prisonniers & Otages, qui s'y trouvoient, furent remis en liberté. Dès le 5. Août au soir, 300. Croates prirent possession des Portes de Halle & de Ranstad.

Le même jour l'Armée prit la position qu'avoient eu les Généraux Rosenfeld, & Trautmansdorf, dont le premier s'étoit avancé à Halle, & l'autre à Pegau : Mr. Weczei mit tout le Pays de Halle à contribution : & même il poussa de Postes en Postes à Zorbick & Bittersfeld ; & il fit occuper Friedbourg.

L'Armée de l'Empire marcha le 6. sur Torgau, d'où le Directoire de guerre Prussien s'est retiré à Wittemberg. Pour s'opposer aux progrès de cette Armée, le Lieutenant-Général Prussien de Finck revint avec un Corps de 6000. hommes de la Basse-Lusace.

Le même jour 6. Mr. de Widmann arriva de Leipzig avec la Capitulation suivante.

Capi-

Capitulation de Leipzig.

Art. I. La Garnison de Leipzig avec tout ce qui lui appartient, de même que les autres Personnes, qui sont au service de Sa Maj. Prussienne, sortiront librement de la Ville.

II. A cet effet on leur fournira gratis les Voitures & les Chevaux nécessaires.

III. Toute la Garnison sortira le 7. du courant; Elle marchera le même jour à Tuben & le 8. à Wittenberg.

IV. Les malades ou blessés de la Garnison resteront en Ville sous la direction de deux Officiers Prussiens, qui en auront soin, & les emmeneront dès-qu'ils se trouveront en état d'être transportés.

V. La Garnison sortira, Tambour battant, & Enseignes déployées. En attendant, la Porte, nommée Ranstätter - Thor, de même que la Barrière, seront occupées encore aujourd'hui par les Troupes Impériales & Royales. Cependant la Garnison tiendra tous les autres Postes, dans la Ville & les Fauxbourg, tranquilement, jusqu'à la sortie.

VI. Si pendant cet intervalle quelqu'un de la Garnison s'avisoit de déserter & se réfugier près du Détachement Impérial, qui doit occuper la Porte, il sera rendu sur le champ à la Garnison.

VII. Les Officiers, qui doivent rester en arrière, seront en pleine liberté & sûreté dans la Ville.

VIII. Tous les Effets, appartenans à des Sujets Prussiens, leur seront délivrés à leur réquisition.

IX. Toutes les Dettes, contractées par la Garnison dans la Ville, seront payées avant le départ, sans pourtant mettre en ligne de compte les Dettes des Officiers Prussiens, qui ne se trouvent plus en Ville.

X. Au moment que la Capitulation est faite, on ne demandera plus aucune Contribution à la Ville sous quelque prétexte que cela puisse être; & il ne sera non plus permis d'emmener des Otages de la Ville, en cas que toutes les Contributions imposées ci-devant ne soient pas encore payées.

XI. Tous les Otages, qui se trouvent dans la Ville de Leipzig, soit des Pays de L. M. Imp. soit de l'Empire, ou de leurs Hauts Alliés, seront libres dès ce moment, de même que les Prisonniers de guerre des Troupes Impériales: mais on payera argent comptant ce qui a été fourni jusqu'ici pour leur subsistance.

XII. Les Prisonniers de guerre des Troupes de l'Empire seront aussi libres; mais sur parole & contre un prochain échange & le payement. de leur rançon; & on payera alors, comme

pour

pour ceux des Troupes Imperiales, tout ce qui a été fourni à leur subsistance.

XIII. L'Artillerie des Régimens de la Garnison, consistant en 12. Piéces, de même que leurs Chariots de Munition & les Armes, qui appartiennent à la Garnison, lui doivent rester en plein; mais l'Artillerie Saxonne, qui se trouve dans le Fort de Pleissenbourg, y sera laissée.

XIV. La Garnison laissera deux Officiers en ôtage, pour que tous les Points de la Capitulation soient remplis; & ces Officiers auront en même tems soin des malades & blessés; que la Garnison laisse en arrière.

Cette Capitulation sera signée par le Colonel Baron de Widmann, en vertu de son plein-pouvoir reçu à cet effet de S. A. S. le Général-Commandant, & le Général-Major Baron de Hauss; & on en donnera Copie à chacun, signée des deux Parties.

Fait à Leipzig, le 5. Août
1759.

(Etoit signé)   Federic Baron de Hauss.
Baron de Widmann.

Revenons au Veld-Maréchal Comte de Daun. Il ordonna la marche pendant la nuit du 29. au 30. de Juillet. En conséquence, l'Aile gauche marcha sur deux Colonnes vers Lauban; & le Quartier-Général fut marqué à Nieder-Lichtenau, dans le voisinage de cette Ville; mais l'Aile droite resta dans son ancienne position. Le Général de Beck s'étoit porté de Lauban près de Naumbourg. Mr. le Maréchal, qui avoit été reconnoître le nouveau Camp & ses environs, n'arriva que vers le midi au Quartier-Général. Le soir, Son Excellence reçut avis, que Mr. de Haddick avoit marché de Pribus à Tribel; que le Général de Laudon s'étoit avancé à-peu-près à la même hauteur, où par conséquent ils se trouvoient à même de se prêter la main; & que le Général de Bethlem avoit été poussé en avant à Linderode avec 2. Régimens de Hussars, & 3. Escadrons de Dragons. On apprit aussi ce jour-là positivement, que le Roi de Prusse s'étoit mis en marche du Camp de Löwenberg, pour aller joindre l'Armée du Général de Wedel; & que le Corps, qu'il avoit pris sous ses ordres, étoit arrivé à Alt-Oelfe. Le Général de Maquire manda, que le Général de Finck avoit fait défiler le 29. ses gros Bagages vers Senftenberg; surquoi il avoit quité le 30. son Camp de Camentz, & s'étoit tourné vers Hoyerswerda. Mr. de Maquire faisoit harceler par ses Hussars l'Arrière-Garde de l'Ennemi, & alloit le suivre.

Le 31. le Général de Haddick partit avant le jour de Tribel pour Pförten, & le Général de Laudon se porta à Starzedel: Il y trouva un Capitaine de Cavalerie, qu'il avoit envoyé au Général de Soltikoff, & qui lui apprit, que ce Géné-

Général alloit se porter des environs de Crossen
à Francfort sur l'Oder, priant Mrs. de Haddick
& de Laudon de diriger aussi leur marche de ce
côté-là. Surquoi Mr. de Laudon s'avança par
Grünwald sur Gros-Crossen, & Mr. de Haddick se porta de Pförten à Guben.

Le 2. d'Août, on apprit, que le Roi de
Prusse avoit envoyé son Bagage à Glogau;
qu'ensuite il s'étoit mis en mouvement le 31.
Juillet, pressant sa marche sur Crossen avec toutes ses Troupes, qui s'étoient réünies près de Sagan; mais que, sur l'avis, que l'Armée Russe
s'étoit portée à Francfort sur l'Oder, il revenoit,
& doubloit ses pas: Surquoi le Général de Haddick avoit renvoyé au Bober, afin d'observer
les mouvemens ultérieurs de l'Ennemi, les Postes qu'il en avoit retirés. Le Général de Maquire, de son côté, manda, que le même jour
31. Juillet, un Poste que le Général Finck tenoit à Witgenau, fit mine de marcher sur Hoyerswerda: Surquoi le Comte de Brunian avoit
envoyé à Witgenau 200. Hussars & quelques
Croates sous les ordres d'un Lieutenant-Colonel.
Le Détachement, qui venoit d'en sortir, renforcé d'un Régiment de Cavalerie, y revint,
& attaqua ces Hussars, qui se défendirent quelque tems; mais, ne pouvant tenir, vû la dis-
proportion des Forces, ils prirent le parti de se
retirer. Pendant la retraite, le Lieutenant-Colonel tomba de cheval, & fut fait prisonnier
avec

avec un Capitaine. On perdit d'ailleurs 20.
hommes. Mr. de Maquire ajoutoit, que tout
le Corps du Général Finck marcha le 1. Août
par Leipe fur Hohenbocka: Surquoi le Général-Major de Vehla avoit été détaché pour l'obferver.

Le 2. on fut informé, que le Roi de Pruffe
avoit fait marcher au Comte de Haddick par
Sommerfeld une Colonne des Troupes, qui
avoient été dans les environs de Sagan. Le
Comte Rudolphe Palfi, Lieutenant-Général, qui
s'étoit trouvé à Kolbe entre Guben & Pforten,
en avoit déjà même été attaqué & repouffé.
Mr. de Haddick de plus fut inftruit, que cette
Colonne, renforcée par une autre Divifion,
s'avançoit à grands pas fur Guben: Ce qui mar-
quoit clairement, que c'étoit à lui qu'on en vouloit. Pour ne point s'expofer au rifque d'être
entouré & coupé, ce Général ne crut pas devoir garder plus longtems fa pofition, d'autant
plus que la marche du Général de Laudon fur
Francfort avoit été couverte. Il fe mit donc en
marche au jour tombant, & fe pofta à Weiffeg
derrière Forft.

Les Ennemis, de leur côté, avoient marché toute la nuit & avec tant de célérité, qu'ils
parurent de grand matin à portée de fon Arrière-Garde. Elles commencèrent d'abord à efcar-
moucher, pour donner le tems aux Troupes,
qui les fuivoient, d'arriver; mais cela ne leur
réuffit

réuffit point; & l'on en refta à l'efcarmouche & à quelques coups de canon.

Mr. de Haddick continua en attendant fa marche dans le meilleur ordre, faifant halte de tems en tems; Et le 1. du même mois d'Août, il arriva à Herichen à peu de diftance de Spremberg; pofition, qui couvroit fes derrières & fon flanc. Cependant, malgré les précautions qu'il avoit prifes pour la fureté de fes Bagages, quoique l'Arrière-Garde les couvrit, & qu'un Bataillon de Würtzbourg & un Escadron de Modéne, Cuiraffiers, fuffent auffi chargés d'y veiller, une partie de ceux de différents Régimens tomba entre les mains des Pruffiens, tant parce que, fur de fauffes allarmes, on avoit coupé les traits des Chevaux, que parce que d'autres, croyant abréger le chemin, s'étoient égarés. La même chofe étant arrivée au Bataillon & à l'Escadron, dont on vient de parler, ils fe font embourbés dans des Marais, où, accablés par des forces fupérieures, ils ont beaucoup fouffert, & abandonné 4. Pieces de canon, dont 2. de 4. & deux de 6. livres.

Il y eut pourtant à cette occafion quelques Prifonniers, parmi lefquels fe trouvèrent 2. Officiers, dont l'un eft Aide de Camp du Général d'Itzemplitz. Selon le raport de ces Officiers & des Déferteurs, le Roi s'étoit trouvé en perfonne à la tête de ce Corps, qu'ils eftimoient

moient être de 35. Bataillons, 8. Régimens de Cavalerie, & 2. de Huſſars.

Le 4. Mr. de Haddick avoit marché à Spremberg, d'où il manda, que le Roi, qui avoit fait halte à Weiſſag, avoit pris ſur ſa droite le 3. à 11. heures de la nuit : Surquoi ce Général avoit fait dés Détachemens pour l'eclairer.

Suivant les avis de Mr. de Maquire, Mr. de Finck ſe porta le 3. à Torgau, faiſant en une ſeule marche 6. miles de chemin. Mr. Maquire de ſon côté, s'avança de Schönau ſur Nebelſchütz.

Mr. de Beck, renforcé du Régiment de Darmſtadt, Dragons, ſe porta le 4. avec ſon Corps à Pribus ; Et le Comte d'Ayaſſaſs, Général-Major, alla le remplacer à Naumbourg avec un Détachement de Grenadiers, & de Carabiniers, outre quelques Croates & Huſſars.

Le même jour, on chanta le Te - Deum en Actions de graces de la Victoire, remportée le 23. Juillet près de Zullichau par l'Armée Ruſſe ſur celle des Pruſſiens. Le Veld-Maréchal Comte de Daun donna enſuite un grand Repas, à l'iſſue duquel Son Excellence ſe porta au front de l'Armée, qui fit une triple ſalve de l'Artillerie & de la Mouſquetterie.

Le 5. on apprit que Mr. de Maquire avoit quitté Nebelſchütz ; & qu'il campoit en avant de Witgenau, ſa droite à cette petite Ville, & ſa gauche à des Bois. Il avoit établi un Poſte à Hoyerswerda, pour conſerver la communication

avec

vec Spremberg, où se trouvoit le Général de Haddick; Et le Général-Major de Vehla s'étoit posté sur le chemin de Torgau, pour veiller aux mouvemens de Mr. de Finck, qui jusqu'alors n'avoit pas encore passé l'Elbe.

Les avis, du Général de Laudon, furent que le 3. il marcha de Zilderdorff sur Lindau, à portée de Francfort sur l'Oder; Et ce Général étoit parti le même jour, pour se rendre de sa personne dans cette dernière Ville, où toute l'Armée Russienne étoit arrivée, afin de concerter les Opérations ultérieures avec le Général, qui y commandoit en Chef.

Le 6. Août, le Général de Haddick manda, qu'il avoit appris par ses différents Détachemens & d'ailleurs, que le Général de Wedel avoit marché le 5. au matin de Guben à Boescom, que le Roi de Prusse étoit avec son Armée à Muhlrose, & que Mr. de Wedel devoit y réünir à Sa Majesté. On fut aussi informé, que le Général de Finck avoit marché le même jour 5. de Torgau à Luken, d'où il avoit dû s'avancer le 6. sur Luben. Les raports du Général Comte de Maquire confirmèrent ces avis, & apprirent, qu'il marchoit lui-même de Witgenau à Hoyerswerda.

Le 7. on eut nouvelle que le Lieutenant-Général Baron de Laudon, en arrivant près de Francfort sur l'Oder, avoit fait camper ses Troupes en dehors des Fauxbourgs en deçà de la Rivière

vière; Mais, considérant que l'Ennemi pourroit marcher à lui avec avantage, vû la nature du terrein, il s'étoit déterminé à poster au-delà de l'Oder la plus grande partie de son Corps, laissant le reste dans sa première position, pour observer l'Armée ennemie. Nous apprimes le même jour, que l'Ennemi, en quitant les environs de Sagan, en avoit brûlé le Pont; Et qu'à la réserve de quelques Patrouilles, on ne voyoit plus de Troupes Prussiennes dans ces Quartiers-là.

Le 8. Mr. de Haddick informa le Veld-Maréchal de Daun, qu'il avoit détaché dans le Brandebourg Mr. de Vihazi, Général-Major, avec une Troupe de Hussars & de Cavalerie Allemande; Et qu'il avoit eu avis, que Mr. de Finck, qui avoit marché de Luken à Luben, avoit dû se poster à Lieberosa : Ainsi, ce Corps paroissoit destiné à renforcer le Roi de Prusse, qui commençoit à faire retrancher son Camp de Muhlrose : cependant on panchoit fort à croire, que ce n'étoit qu'une feinte.

L'Armée, commandée par le Prince Henri près de Löwenberg, étoit, de son côté, toûjours fort tranquile dans son Camp : cependant tout son Bagage étoit plié chaque nuit, & l'on s'y tenoit prêt à marcher à chaque instant.

No. XII.

MEMOIRES

POLITIQUES & MILITAIRES

POUR SERVIR à

L'HISTOIRE

DE NOTRE TEMS.

N°· XII.

OPÉRATIONS DES ARMÉES IMPÉRIA-LES & DE LEURS HAUTS ALLIE'S EN 1759.

Les différens Evénémens auxquels ont donné lieu les mouvemens des Troupes combinées de l'Empire dans la Franconie & dans la Saxe, celles des Russes en Pologne, & celles des Autrichiens en Saxe & dans la Lusace, nous ont conduit naturellement à ceux qui se sont faits en Silésie.

Le Roi de Prusse ayant quitté Landshut, on jugea que le Général de Fouquet viendroit occuper ce Poste important : Surquoi le Comte de Harsch donna ordre au Marquis de Ville de marcher par Grulich, dès-qu'il s'appercevroit que Mr. de Fouquet abandonnoit Franckenstein. En conséquence, Mr. de Ville fit marcher le 11. de Juillet, sa Cavalerie sur Gros Scalitz, & son Infanterie sur Neustadt.

Le

Le 12. il arriva lui-même avec la Cavalerie au Camp du Comte de Harsch, & l'Infanterie s'avança jusqu'à Horzitska. Le Comte de Danhoff, qui étoit posté à Merkelsdorff, manda, qu'un Bataillon Franc ennemi, qui étoit venu à Friedland, faisoit des incursions pour se procurer des Vivres, & qu'il enlevoit des Juges & autres Habitans sur le territoire de Bohême. Le Comte de Harsch envoya d'abord quelques Hussars au Major de Danhoff avec ordre de déloger ce Bataillon ; & Mr. de Ripke, Major dans le Corps de l'Etat-Major, eut ordre de le soûtenir avec 3. Escadrons & 100. Hussars, avec lesquels & avec plusieurs autres Officiers il étoit allé reconnoître les environs. On eut d'ailleurs avis, que l'Ennemi, qui se tenoit tranquile en avant de Land hut, avoit jetté 3. Ponts sur le Bober, & tiré 100. Hommes de chaque Bataillon, auxquels on avoit distribué quelque argent, pour tenir lieu de Pain, qu'on ne leur donneroit plus de quelques jours. Ces Troupes apparemment s'étoient portées vers Friedland, puisque dans les Bois derrière cette Ville, il y avoit quelques Bataillons, destinés à soûtenir le Bataillon Franc. De plus le Roi de Prusse avoit laissé à Hirschberg un Corps de 3000. Hommes aux Ordres du Général de Crokow, avec ordre de marcher sur Landshut à la moindre allarme ; l'on avoit muré deux des Portes de Hirschberg ; on avoit fait un Pont-levis à la troisième ; & l'on avoit

fait

fait évacuer les Maisons attenant les Portes, pour y mettre des Troupes, & être mieux sur ses gardes. On avoit mandé à Hirschberg les Baillifs & Juges du Cercle entier; & l'on éxigea de cette partie de la Siléfie, trois mois d'avance des Contributions.

Le 13. Juillet l'Infanterie de Mr. de Ville entra au Camp. Comme jusqu'alors l'Ennemi avoit eu ses Postes avancés derrière le Faule - Bruck entre Liebau & Landshut, & qu'ils avoient rétabli ce Pont, dont la tête étoit gardée par des Huffars, Mrs. Portzheim & Proht, Lieutenans au Régiment de St. Ignon, qui étoient allés reconnoître avec des Détachemens, eurent ordre de les déposter. Il s'en acquitèrent parfaitement bien, chargeant les Ennemis avec beaucoup de vivacité; Et, après leur avoir tué bien du monde, ils les forcèrent à rompre le Pont, quoique pour empêcher les Imperiaux de passer, ils avoient fait hausser les Eaux en les retenant. Il y eut à cette occasion 5. Hommes de tués & 3. blessés & prisonniers. On reçut le même jour le raport préliminaire de ce qui s'étoit passé à Friedland: Au départ des Lettres, Mrs. de Danhoff & Ripke avoient fait prisonniers le Lieutenant-Colonel de Lüderitz, 2. Capitaines, 5. Lieutenans, & 150. Hommes. Le Comte de Harsch envoya cependant à Mr. de Danhoff un Bataillon de Croates pour le renforcer, & au Général de Jahnus un autre Renfort, consistant en

un

un Bataillon de Grenadiers, & 3. de Fuſiliers, avec 6. Pièces de canon.

Le 14. Juillet on reçut le Détail ſuivant de la part de Mrs. de Danhoff & de Ripke.

Les Ennemis, au nombre de 5. à 600. Hommes, d'Infanterie, & de 150. Huſſars, avoient leur poſition à portée de Friedland, ſur une Hauteur, nommée Reichenacherberg, & n'avoient laiſſé dans la Ville qu'un Piquet. Mrs. les Majors, Comte de Danhoff & de Ripke, après avoir éxactement éxaminé cette poſition, réolurent de les attaquer. Mr. de Ripke fit l'Avant Garde avec quelque Cavalerie & quelques Huſſars, & marcha de Merkelsdorff par Rospenau, pour les prendre en quelque ſorte à dos, & reconnoître en même tems, s'ils n'avoient point d'autres Troupes qui puſſent les ſoûtenir: Mr. de Danhoff ſuivit la même route juſqu'à Roſpenau; mais, prenant de-là ſur ſa droite, il marcha en Bataille aux Ennemis: Il avoit un Bataillon de Brood, deux Pièces de canon, & quelque Cavalerie ſur les ailes.

Les Patrouilles Ennemies commencèrent le feu de la Mouſquetterie, & pendant ce tems-là les Huſſars Autrichiens marchèrent, ſans qu'on les apperçût, au Bois où étoient les Pruſſiens, avec lesquels ils commencèrent à eſcarmoucher. Là-deſſus l'attaque commença de la part des Huſſars avec tant de ſuccès, que les Ennemis ſe retirèrent dans le Bois, de façon que le Lieutenant-Colo-

Colonel de Luderitz & tout ce qui a été fait prisonnier avec lui, se trouvèrent coupés par la Cavalerie, qui avoit marché d'avance avec Mr. de Ripke.

Outre ces Prisonniers, les Ennemis laissèrent 40. morts sur la place; & ce ne fût sans doute qu'à leur déroute précipitée, & à la confusion où ils étoient, qu'il faut attribuer la seule perte d'un Hussar, & d'un Croate, que les Imperiaux firent.

Ce qui est échappé des Ennemis s'est cependant sauvé à la faveur d'un Bois épais. Mrs. de Danhoff & de Ripke ont ensuite laissé un Détachement à Friedland, & ont campé en deça de cette Ville, pour rafraichir leurs Troupes, qui étoient extrêmement fatiguées.

Le Général de Fouquet, informé de cet événement, se rendit de Landshut au Camp, où il fût défendu aux Habitans des environs d'entrer, non plus que dans la Ville.

Toute la journée du 15. Juillet se passa à faire des arrangemens pour entrer en Silésie: Ce qui s'est éxécuté de la manière suivante.

Le 16. vers le soir, les Troupes se mirent en mouvement. Le Général Baron de Jahnus marcha avec les Troupes légères passant au pié des Montagnes de Königheim, qu'il laissa sur sa Gauche: Le Général Renard posta sa Pulcke d'Oulans entre Könighsheim & Ditersbach, pour observer le Vallon de Lichenau, & la Pulcke d'Oulans de Rudnizki eut ordre de se porter sur le champ par Ullersdorff à Kratzbach, afin de couvrir aussi le Vallon de Gryssau. Tout le Corps d'Armée s'ébranla également. La Cavalerie de la droite aux ordres du Marquis de Ville marcha par Petersdorff, Albendorff, & Partzdorff; celle de la gauche commandée par le Baron de Zetwitz, Lieutenant-Général au Service du Roi de Pologne, Electeur de Saxe, par Golden-Offe, & les deux lignes de l'Infanterie par deux chemins différents, sçavoir par Golden-Offe, Potschdorff, & Albendorff; & par Parschnitz, Petersdorff, & plus outre sur Albendorff, & Partzdorff.

Mr. de Harsch marcha de sa personne avec les Troupes, pendant toute la nuit du 16. au 17. Juillet, & les rangea en Bataille vers les 10. heures du matin entre Partzdorff & Schonberg. Il leur fit prendre leur réfection dans cette position; & ce Général, accompagné du Marquis de Ville, & escorté de quelques Escadrons alla pendant ce tems reconnoître la situation du Camp qu'il avoit résolu de prendre sur des Hauteurs à portée. On découvrit de-là plusieurs Escadrons Ennemis, qui par leurs Patrouilles cherchoient à reconnoître l'approche des Autrichiens. Les Ennemis firent la même manœuvre du côté de Liebau, & s'approchérent même du Général Renard, au point qu'il y eut là une escarmouche, qui dura assez longtems, & qui ne lui coûta cependant que deux hommes blessés, sans que l'Ennel'Ennemi, qui se retira ensuite, en remportât d'autre fruit.

Toutes les Troupes étant arrivées à leur destination dans ces environs, le Baron de Jahnus, qui pendant la marche avoit garni les Hauteurs de Blasdorff, en descendit vers midi, & campa plus en avant, à Linden & Einsiedel-Berg. Le Corps d'Armée se reposa dans sa position près de Schonberg, jusques vers les 6. heures du soir, qu'il se remit en marche, pour aller camper en avant de cette Ville, où Mr. de Harsch établit son Quartier-Général.

Le Général Fouquet, selon les Déserteurs, avoit tellement ignoré cette marche, qu'il étoit encore venu la veille à Schönberg avec un Détachement pour en reconnoître les environs; &, à l'arrivée des Autrichiens, il étoit tranquile dans son Camp près de Landshut; où il fut renforcé par 4. Régimens, que le Roi de Prusse lui avoit envoyés de son Armée, & par 2. Bataillons tirés de la Garnison de Neiss. Le Comte de Danhoff, qui avoit reçu un Renfort de quelque Cavalerie, marcha le 17. à Conradswalde, pour harceler les transports de Schweidnitz à Landshut. Mr. de Harsch détacha le soir un Capitaine avec 100. Esclavons vers les Hauteurs de Reichhennerdorff, pour y reconnoître au clair de la Lune les Ouvrages de l'Ennemi. Ceci donna lieu au bruit, qui se répandit au Camp de l'Ennemi, que l'on marchoit à lui.

 Pour

Pour s'en éclaircir, il poussa à minuit les Bataillons Francs de le Noble & d'Angelelli dans un Bois, qui étoit devant ses Ouvrages: Ce qui occasionna une escarmouche le 18. à la pointe du jour. En voici les particularités.

Lorsque que les Esclavons furent arrivés à portée des deux Bataillons Francs Prussiens, ceux-ci firent feu sur eux: Surquoi le Général de Jahnus détacha Mr. d'Amelunxen, Lieutenant-Colonel au Régiment de Simschon avec 200. hommes de ce Régiment, & 200. hommes en réserve; &, pour le soutenir, il marcha lui-même à la tête de 1500. fantassins, & 2. Escadrons. Lorsque ce Général déboucha du Bois avec les Escadrons, il observa plusieurs Troupes d'Infanterie Prussienne, qui, suivant le raport des Déserteurs, consistoit en 8. Bataillons, dont 4. de Grenadiers, & quelque Cavalerie, qui étoit dans la Plaine: Surquoi il fit venir 2. Piéces de canon, qui tirèrent sur eux. Cependant Mr. d'Amelunxen attaqua vigoureusement les Ennemis, & les repoussa de façon, que les Oulans & les Hussars les menèrent battant par Lindenau jusqu'au pié de leurs Ouvrages, où un train d'Artillerie fut envoyé à leur rencontre, & sous la protection duquel ils se retirèrent dans leur Camp.

Mr. d'Amelunxen perdit en cette occasion 10. hommes tués & 29. blessés. On enterra plus de 60. morts des Ennemis. On leur

leur fit 12. Prifonniers; & les Déferteurs, dont
on recueillit, plus de 50. affurèrent unanimement, qu'ils ont eu un nombre confidérable de
bleffés, parmi lesquels étoit le Colonel le
Noble.

Le 19. Juillet les Ennemis employèrent plus
de 1000. hommes, pris dans le plat-pays,
pour faire de nouveaux Retranchemens, dont
le but étoit de pourvoir à leur fûreté. En attendant, Mr. de Danhoff harceloit les tranfports
de Schweidnitz à l'Armée du Roi de Pruffe &
au Corps du Général Fouquet. Un de fes Partis de 30. hommes enleva 3. Valets d'Artillerie,
3. Chevaux & 2. Chariots chargés d'Eau de-vie &
de Ris. Les Gardes avancées prirent auffi 2. Officiers du Bataillon de le Noble, faifant une re-
connoiffance, qui avoit eu quelque entreprife
pour but, puisque le 20. un peu après-midi,
une partie du Corps du Général de Fouquet fit
un mouvement vers ces gardes avancées: Surquoi le Comte de Harfch fe porta fur la droite, pour voir à quoi aboutiroit cette manœuvre.
Mais voyant que l'Ennemi reftoit à Landshut, il tâcha de lui faire quitter fa pofition, en
faifant mine de lui couper fes Magazins à
Schweidnitz. A cet effet, il fit le 20. des difpofitions pour la marche. Le Général de Jahnus &
le Major de Dânhoff, qui la devoient couvrir,
fe poftèrent le premier fur les Hauteurs de Grif-
fau, & le fecond à Forft, pendant que le Ba-

m 5

ron

ron de Wolfersdorff, Lieutenant-Général, se posta avec 5. à 6000. Hommes à Golden Osse, pour couvrir la Bohême, & assurer les transports de l'Armée. Les Oulans furent attaqués par un Détachement de Hussars Prussiens, vers midi. On remarqua quelque Infanterie derrière eux, & la poussière ni permettant pas d'en discerner le nombre, Mr. de Harsch alla la reconnoître. Cependant les Oulans obligèrent l'Ennemi à se retirer. Le Comte de Harsch, qui avoit la Fièvre depuis quelques jours, se trouvant attaqué d'un violent accès ce jour-là, remit le soir le Commandèment au Marquis de Ville, & se retira à Jaromirs.

Le 21. Juill. l'Armée se porta en deux Colonnes par Güttelsdorf à travers les Bois sur le Chemin de Conradswalde. La Cavalerie, qui marchoit d'avance, y garnit les Hauteurs, & y attendit l'Infanterie. Mr. de Ville y observa, que l'Ennemi faisoit divers Détachemens, dont les Bois l'empêchoient de reconnoître la force. Ces Détachemens marchèrent vers Grissau & Forst. Des coups de canon, que l'on entendit presque dans le même tems, firent juger que l'on attaquoit Mr. de Jahnus, qui en effet, voyant avancer les Prussiens, fit demander un Renfort de Cavalerie : quelques Escadrons des Chevaux-Légers du Duc de Courlande, qu'on lui envoya, le mirent en état de repousser l'Ennemi. Cependant un Bataillon Prussien avoit marché par

la

la gauche du valon d'Uhlersdorff au Lieutenant-
Colonel Papilla, qui commandoit un Bataillon
de Grenadiers Esclavons; mais cet Officier le repoussa. Le Comte de Dânhoff, qui avoit aussi
été attaqué, fit pareillement plier l'Ennemi. On
sçut par les Déserteurs, que le Corps, qui a-
voit attaqué Mr. de Dânhoff, étoit de 3. à. 4.
Bataillons, avec autant d'Escadrons; & que celui,
que l'on avoit poussé contre Mr. de Jahnus,
consistoit en 8. à 10. Bataillons & 12. à 15.
Escadrons. La perte fut 3. morts & 10. bles-
fés. Celle de des Prussiens a été plus considérable. Les Paysans en enterrèrent une trentaine, & l'on a trouvé sur la poussière beaucoup
de traces de sang. On leur fit 9. Prisonniers,
& reçu 20. Déserteurs. Une Patrouille de Mr.
de Dânhoff enleva le même jour 2. Officiers du
Régiment de Kalckstein, dont l'un conduisoit
l'autre à Schweidnitz, où il devoit être aux ar-
rêts pendant un an.

Le 22. la marche se fit sur deux Colonnes
par Gottesberg & Saltzbrunn. Le Major de
Ripke, qui avoit pris les devans avec 100. Oulans,
trouva la Ville de Freybourg occupée par de l'Infanterie ennemie & des Hussars dans la Plaine.
Il en avertit Mr. de Ville, qui marchoit à la tête
de la première Colonne, & tint en attendant
l'Ennemi en échec avec Mr. de Bechard, Capitaine au Régiment de Simschön, qui devoit
marquer le Camp. Le Général de Ville détacha

cha le Général Renard avec toute la Pulke pour entourer l'Ennemi, tandis que la tête des deux Colonnes s'avanceroit; Et il alla de sa personne reconnoître. Les deux Escadrons & la Garde du Camp, qui formoient la tête de la première Colonne, & le Régimeut de St. Ignon avec deux Bataillons de Grenadiers qui faisoit celle de la seconde, arrivèrent à 7. heures du soir. On fit marcher d'abord le Comte de St. Ignon, Gérénal-Major, par la droite au-delà de Freybourg; Et il s'étendit dans la Plaine jusques vers le Château de Zielau. A l'arrivée de ces Troupes, les Ennemis cherchèrent à se mettre en sûreté: Ils abandonnèrent les petites Redoutes, qu'il avoient établies près de la Ville; Et, pour ne pas être enveloppés par les Oulans, ils quittèrent aussi le Village, pour gagner le Bois nommé le Nonenbusch qui est entre Freybourg, Schweidnitz, & Striegau. Leur retraite cependant fut fort troublée par les Oulans, qui donnèrent par-là le tems à Mr. de St. Ignon de dépasser le Village, & de tomber sur eux.

La première attaque n'eut pas grand succès; Mais la seconde fut si vigoureuse, que l'Ennemi se vit obligé de mettre les armes bas. Cependant il faut rendre justice à Mr. de Francklin, Major au Régiment de Manteuffel, qui commandoit à Freybourg le Détachement destiné à couvrir les transports, qui alloient de Schweidnitz à Landshut, & à l'Armée du Roi: Il ne s'est

rendu

rendu qu'à la derniére extrêmité, qui que ce
soit de sa troupe ne s'est sauvé, & parmi les
197. Prisonniers, il se trouva lui-même avec 6.
autres Officiers, presque tous griévement blessés,
& Mr. Francklin l'étoit dangereusement.   Les
Autrichiens ont eu 9. Hommes & autant de Chevaux de tués, & 33. Hommes avec une trentaine de Chevaux blessés.

Mrs. de St. Ignon & Renard s'y sont parfaitement bien conduits, ainsi que le Colonel de
Thoricourt & le Major & Jonanville.

Cette affaire dura jusqu'à 9. heures du soir.
Les Colonnes étant arrivées assez tard, on prit
poste entre Fürstenstein & Libichau. Les Oulans
restèrent à Zielau, d'où ils poussèrent des Patrouilles du côté de Schweidnitz & de Strigau.
Le Baron de Jahnus se posta à Zeiskenberg &
le Comte de Dânhoff à Nieder Adelsbach. On
plaça à Gottesberg & à Dittersbach 2. Bataillons
Esclavons, pour couvrir les transports; & Mr.
de Wolfersdorff envoya vers Friedland 200. Croates, un Escadron de Modene, Dragons, &
50. Hussars.

Le 23. Juillet le Gén. Fouquet détacha à Friedland 5000. Fantassins & 6 Escadrons de Hussars,
pour enlever les Bagages, qui s'y trouvoient
sous la garde d'un Bataillon des Troupes de Tos-
cane, d'un Escadron du Jeune-Modene, & de
150. Croates, avec 39. Hussars; Mais, comme
on les avoit déjà transportés à Eypel, les Prussiens

siens n'eurent d'autre fruit de cette Expédition, que de piller quelques Chariots, & de tuer quelques Hommes au Colonel Bretton, qui se replia sur le Général de Wolfersdorf, & prit poste à Qualisch.

Le 24. on apprit, que le Général Krokow avoit marché de Hirschberg avec 3000. Hommes, pour se joindre au Général Fouquet, qui attendoit encore un Renfort, que le Roi, instruit de la marche des Autrichiens, lui envoyoit par Jauer. Surquoi le Comte de Pettoni, Général-Major, fut détaché avec 1000. Chevaux Allemands & 300. Oulans, par Hohenfriedberg à Rohnstock, pour reconnoître le Pays, & s'informer de ce qui en étoit du Renfort. En attendant on eut avis, qu'un gros Détachement d'Ennemis s'étoit fait voir à Waldenbourg; & qu'on avoit vû des Ennemis dans les environs de Gottesberg.

Ces avis furent confirmés le 25., & l'on assûra de plus que les Ennemis s'y étoient renforcés. Le Major de Ripke, qui y fut envoyé avec 2. Escadrons, les y trouva en effet; Mais ils se retirèrent d'abord, sans qu'on pût, à cause des Defilés & des Broussailles, pénétrer leur dessein. Le Détachement, qui avoit été à Rohnstock, n'avoit rien vû.

Mais le 26. on fut instruit, que Mr. de Fouquet, qui n'avoit laissé que peu de Bataillons dans les Retranchemens de Landshut, avoit

marché

marché avec le gros de ses Troupes par Grissau
sur Conradswalde, où il avoit pris la position,
que les Imperiaux avoient eu auparavant.

Par ce mouvement, l'Ennemi avoit gagné les
derrières des Autrichiens & coupé leur communication avec la Bohême. Le Pain, qui étoit arrivé de Friedland le 26. au matin, ne pouvoit
suffire que jusqu'au lendemain. Le nouveau
Grain étoit encore sur pie, & Mr. de Fouquet
avoit consumé ou enlevé tout l'ancien: Ainsi il
falloit penser à changer de position. En conséquence, Mr. de Ville se détermina à s'ouvrir le
passage d'une manière ou d'autre. Il marcha
en effet le 27. au point du jour sur Gottesberg, où l'Avant-Garde arriva vers les 6. heures
du matin. Comme l'on observa, que le Vogelsberg n'étoit garni que par un Bataillon Franc
ennemi avec 2. Pièces de canon, le Marquis de
Ville donna ordre à Mr. de Jahnus de s'en emparer, & de placer à sa droite sur la Hauteur
d'Alt-Lassig un Bataillon d'Esclavons, pour couvrir son flanc. Ce Général, qui commandoit
l'Avant-Garde, composée de tous les Esclavons,
& du Régiment de Rudolphe Palfi, Hussars,
avec 2. Escadrons de Dragons, 2. de Simschön,
& un de Preysack, y arriva sur les 11. heures.
Il fut d'abord salué du canon du Vogelsberg,
auquel il répondit. L'Ennemi avoit eu le tems
de se bien précautionner: Ce qui engagea Mr.
de Jahnus à prendre sur la gauche, pour se cou-

vrir

vrir par des Brouſſailles ; de ſorte qu'il parvint à un endroit ſi escarpé, qu'il n'y avoit guères moyen d'y agir.

Dans ces circonſtances, on jugea devoir s'y prendre d'une autre manière ; Et, comme l'affaire étoit devenue plus ſérieuſe, Mr. de Ville en chargea le Comte de Draskowitz, Lieutenant-Général, à qui il donna 2. Bataillons de Grenadiers, pendant que lui-même rangea en Bataille l'Armée, à meſure qu'elle arrivoit.

Mr. de Draskowitz, après s'être pourvû de quelque Artillerie, & avoir rétabli quelque déſordre, marcha droit à l'Ennemi. Il avoit déjà gagné la Hauteur, lorſqu'il vit venir des Troupes fraîches du côté de Friedland : Comme elles cherchoient à le prendre en flanc, il ſe retira un peu, & demanda du Renfort. Mais Mr. de Ville ne jugeant pas que l'affaire valût le tems & le monde qu'elle pourroit coûter, lui envoya ordre de ſe replier ſur lui : Ce qui s'éxécuta avec ſuccès. Il y eut 34. morts & 174. bleſſés ou égarés, & les Ennemis ont eu entre autres le Bataillon Franc de Luderitz abymé.

No. XIII.

MEMOIRES
POLITIQUES & MILITAIRES
POUR SERVIR à
L'HISTOIRE
DE NOTRE TEMS.

N°. XIII.

OPÉRATIONS DES ARMÉES IMPÉRIA-
LES & DE LEURS HAUTS ALLIE'S
EN 1759.

Comme l'Ennemi avoit fait marcher deux Bataillons de Friedland, on jugea que ce paffage fe trouveroit moins pourvû : Dans cette
idée, Mr. de Jahnus fut détaché à Ditersbach,
& Mr. de Wolfersdorff marcha à Mecklindorf.
Le premier attaqua le 28. dès la pointe du jour :
Ses Croates s'emparèrent d'abord d'une Redoute : mais l'Ennemi bien-tôt y parut trop fort,
pour réuffir de ce côté-là. Cependant il falloit
du Pain. Mr. de Ville, dans cette fituation,
réfolut de paffer à travers les Ennemis fans en
être apperçu : le Général Jahnus, dès le jour
même, fe porta fur Langen-Waldersdorf ; l'Artillerie de Réferve marcha à la fourdine, dès-que
le jour fut tombé ; Et le Baron de Dombasle,
Lieutenant-Général, conduifit l'Arrière-Garde,

n

qui

qui confiſtoit en 5. Bataillons de Grenadiers. L'Ennemi ne le ſçut que par les Patrouilles, qu'il envoya le 29. au point du jour. Il occupa d'abord les Hauteurs de Gottesberg, & deſtina à la pourſuite 14. Bataillons, dont 6. marchèrent en droiture. Mr. Fouquet lui-même paſſa par Gottesberg ſur les 11. heures avec 8. Bataillons. Il croyoit que le but étoit de forcer le paſſage de Friedland: dans cette ſuppoſition, il prit ſur Waldenbourg, pour renfermer les Autrichiens de toute part, au cas que l'entrepriſe échouât; mais il ſe trompa. Leur Réſerve ſe trouva à 8. heures du matin à Langen-Waltersdorf; Et Mr. de Ville laiſſant Friedland ſur ſa droite, ſe porta en deux Colonnes par Donerau ſur Johannes-Berg, Mr. de Dombasle ayant été renforcé par Mr. de Jahnus.

Cette marche ne cauſa aucune perte, quoique 6. Bataillons & les Huſſars Pruſſiens ayent été à la pourſuite juſqu'à Johannes-Berg. Deux de ces Bataillons & les Huſſars ſe préſentèrent même le 30. au matin devant les Bois; Mais 2. Bataillons de Platz & 3. Eſcadrons, que l'on envoya ſur eux, leur firent rebrouſſer chemin après quelques légères escarmouches.

Quoique l'on ait vû cy-devant la Relation autentique de la Bataille que les Ruſſes remportèrent ſur les Pruſſiens le 23. Juillet près de Zullichau, le Général de Wedel qui commandoit

l'Ar-

l'Armée Pruſſienne, envoya le 24. au ſoir
l'avis de cette Action au Roi de Pruſſe en ces
termes.

*Relation de la Bataille donnée près de Zul-
lichau le 23. Juillet 1759.*

„ Les Ruſſes, qui campoient à la vûe des
„ Pruſſiens près de Zullichau, commencèrent
„ à marcher ſur Croſſen : Surquoi le Général
„ de Wedel jugea à propos de les attaquer
„ pendant la marche: Ce qu'il exécuta avec
„ grand ſuccès, leur ayant, à ce que l'on com-
„ pte, tué ſept mille Hommes ſur la place,
„ avec peu de perte de ſon côté, ſavoir trois
„ cens tués, & cinq cens bleſſés. Le Lieu-
„ tenant-Général Schorlemmer, à la tête de
„ la Cavalerie Pruſſienne, s'eſt fort diſtin-
„ gué, & a tué beaucoup de monde. Je
„ n'entens point parler de la perte d'aucun Offi-
„ cier-Général du côté des Pruſſiens, ſi ce
„ n'eſt le Général-Major de Wobersnow, qui
„ a été tué dans l'Action.

„ Ce ſont toutes les particularités juſqu'ici
„ connues de cette Affaire. “

Tout flateur que parut d'abord cet Avis à
S. M. Pruſſienne & à ſes Alliés, il a fallu qu'ils
ſe conſolaſſent en apprenant que la Victoire
n'étoit pas de leur côté. Le 24. l'Armée Pruſ-

n 2

ſienne

sienne passa l'Oder près de Tschicherzig & alla camper à Savade entre Grunberg & Crossen.

Le 25. Juillet le Général Prince de Wolkonsky étant arrivé près de Crossen repoussa, avec beaucoup de perte de leur part, les Hussars Prussiens, qui vouloient défendre le Pont de cette Ville; Et le Détachement de mille Hommes de Milice Brandebourgeoise, qui étoit dans la Ville, s'enfuit en jettant ses armes: Après quoi le Prince de Wolkonsky y entra & s'empara du Château, ainsi que d'un Magazin fort considérable, & entre autres de 4000. Pains cuits.

Toute l'Armée Russienne, étant aussi arrivée le 26. à Crossen, on envoya à Francfort sur l'Oder une Division de 10. mille Hommes aux ordres du Lieutenant - Général de Villebois. Crossen a dû payer 2. mille Ecus de Contributions. On en trouva 1500. dans les Caisses du Roi; mais 500. autres, qui appartenoient à des Eglises, leur ont été restitués.

Le 1. d'Août le Lieutenant-Général de Villebois occupa la Ville de Francfort sur l'Oder & y fit Prisonniers de guerre 500. Hommes, qui se sont retirés à la faveur d'une Capitulation. Le 3. le Prince Henry joignit l'Armée du Général de Wedel avec un renfort considérable; & comme, après l'affaire de Zullichau, il importoit d'en venir à quelque action d'éclat, de si nombreuses Armées ne pouvant être longtems dans l'inaction, dans un Pays déjà épuisé & où

la

la fubfiftance leur auroit bientôt manqué, il fe
donna le 12. une fanglante Bataille dont chaque
parti a donné une Relation.   Voici celle des
Pruffiens.

    „ Le Roi fe mit en marche avec l'Armée
„ du Camp de Muhlrofe le 5. de ce mois, &
„ marcha jufqu'à Wulkow fur l'Oder entre Franc-
„ fort & Lebus, où elle féjourna, tandis que
„ l'on jettoit des Ponts fur la Rivière.   L'Ar-
„ mée de l'Ennemi refta cependant tranquile au-
„ delà de l'Oder, quoiqu'il occupât la Ville de
„ Francfort en deçà, fe contentant de fe retran-
„ cher entre cette Ville & Kunersdorff.   On
„ l'eftimoit forte de 70. mille Hommes; Ce-
„ pendant, fuivant une fpécification, qui avoit
„ été trouvée fur un Courier, elle étoit, avant
„ l'affaire du 23. Juillet, compofée de 89200.
„ Hommes & 9000. Chevaux; Et le Général
„ de Laudon, dont on n'avoit pû empêcher la
„ jonction, l'avoit renforcée de 12000. Au-
„ trichiens.

    „ Quoique l'Armée du Roi fût de plus de
„ la moitié moins forte que celle de l'Ennemi,
„ & que celui-ci eût eu le tems de prendre une
„ pofition avantageufe, & de la munir de quan-
„ tité de Batteries, les circonftances cependant
„ ne permirent pas de différer plus longtems
„ l'attaque.   En conféquence, l'Armée paffa
„ fans obftacle l'Oder près de Reitwein, à un
„ mille au-deffous de Cuftrin; Et le 12. à 11.

n 5   „ heu-

„ heures du matin, l'attaque commença. Elle
„ fut d'abord fort heureuse; Nous nous étions
„ emparés de 3. Batteries; Et nous avions dé-
„ jà pris 80. Piéces de canon. La plus grande
„ partie de l'Armée Ruſſienne fut miſe en fuite;
„ Et, pendant plus de ſix heures, tout l'avan-
„ tage fût de notre côté : de façon que les Ruſ-
„ ſiens commençoient à regarder la Bataille
„ comme perdue; Mais, comme une partie de
„ leurs Troupes, poſtée prés d'une grande Bat-
„ terie dreſſée ſur le Cimétiere des Juifs aux
„ environs de Francfort, tenoit encore, la Ca-
„ valerie Autrichienne, qui étoit toute fraîche,
„ ſe jetta ſur la nôtre. Comme malheureuſe-
„ ment le Lieutenant - Général de Seidlitz
„ avoit été bleſſé, & ne ſe trouvoit plus en
„ état de la commander, elle fut repouſſée;
„ Et la Cavalerie ennemie donna dans l'Infante-
„ rie, & la mit en déſordre. Le Roi fit tout
„ ſon poſſible pour rétablir l'affaire : Il ramena
„ les Troupes juſqu'à trois fois, & expoſa ſa
„ propre Perſonne de manière qu'il eut deux
„ Chevaux tués ſous lui, & ſon Juſtaucorps
„ percé de coups de feu; Mais, comme S. M.
„ vit ſes Troupes, tant par les fatigues déjà eſ-
„ ſuyées, que par l'exceſſive chaleur de la jour-
„ née, hors d'état de rien faire davantage con-
„ tre l'Ennemi, vû ſa ſupériorité, Elle ſe trou-
„ va obligée de ſe retirer, & d'abandonner les
„ avantages dejà remportés.

„ Ainſi

„ Ainsi, l'Armée marcha d'abord vers l'en-
„ droit où l'attaque avoit commencé, & le len-
„ demain jusqu'à Reitwein, où elle avoit passé
„ l'Oder. Elle s'y établit, & occupa les
„ Hauteurs. L'Ennemi, de son côté, est tou-
„ jours resté dans son Camp, & n'a rien en-
„ trepris.

„ Notre perte n'est pas peu de chose; Mais
„ il s'en faut bien, qu'elle égale celle des Enne-
„ mis, dont on peut juger lorsque l'on consi-
„ dère que dans cette terrible journée notre
„ Cavalerie a fait parmi eux, 6. heures durant,
„ une horrible Boucherie: Ce ne sera donc pas
„ trop, si l'on met leurs morts à 10. mille Hom-
„ mes. De notre côté, nous avons plusieurs
„ Généraux & Officiers blessés, mais si legère-
„ ment, qu'on peut espérer leur promte gué-
„ rison. Notre plus considérable perte est en
„ Canons. Comme, vû la différence du cali-
„ bre des Piéces prises sur les Russes, on ne
„ pouvoit s'en servir, on avoit été obligé de
„ faire avancer plusieurs des nôttes, dont, lors-
„ que la chance tourna, il a fallu abandonner
„ la plûpart. Pendant l'Action, le Général de
„ Wunsch, à la tête de son Régiment Franc,
„ s'étoit rendu maître de Francfort, où il avoit
„ fait 300. Prisonniers; Mais, à l'issue de l'Af-
„ faire, il avoit quitté la Ville, & s'étoit retiré
„ avec les Prisonniers.

n 4

A ce

A ce récit, dans lequel on ne fait que glisser sur les principales circonstances de cette Affaire, on doit ajouter au sujet de l'Armée Prussienne, que pour masquer son passage de l'Oder, lorsqu'elle marcha aux Russes, on avoit amusé ceux-ci par un grand Feu d'artifice, qui fut tiré à 11. heures du soir à l'occasion de la Victoire du Prince Ferdinand sur le Maréchal de Contades.

L'Avant-Garde de l'Armée Prussienne consistoit en 4. Bataillons de Grenadiers & 4. d'Infanterie aux ordres de 2. Généraux-Majors. Le Roi avec 4. Lieutenans-Généraux & 5. Généraux-Majors conduisoit la première Ligne, qui étoit composée de 20. Escadrons & 22. Bataillons. Trois Lieutenans-Généraux & 6. Généraux-Majors commandoient la seconde Ligne, formée par 43. Escadrons, 3. Bataillons de Grenadiers, & 10. d'Infanterie. Le Corps de Réserve, qui étoit de 28. Escadrons, 2. Bataillons de Grenadiers, 4. d'Infanterie, & un Bataillon Franc, avoit à sa tête 4. Généraux-Majors. Le Général de Finck se tenoit séparement avec son Corps, qui étoit de 10. Escadrons, 8. Bataillons d'Infanterie, 2. de Grenadiers, & 2. Bataillons Francs.

Le Lieutenant-Général d'Itzenplitz eut trois blessures. Le Lieutenant-Général de Hulsen fut blessé à la Jambe, & le Génénéral de Wedel à la Poitrine.

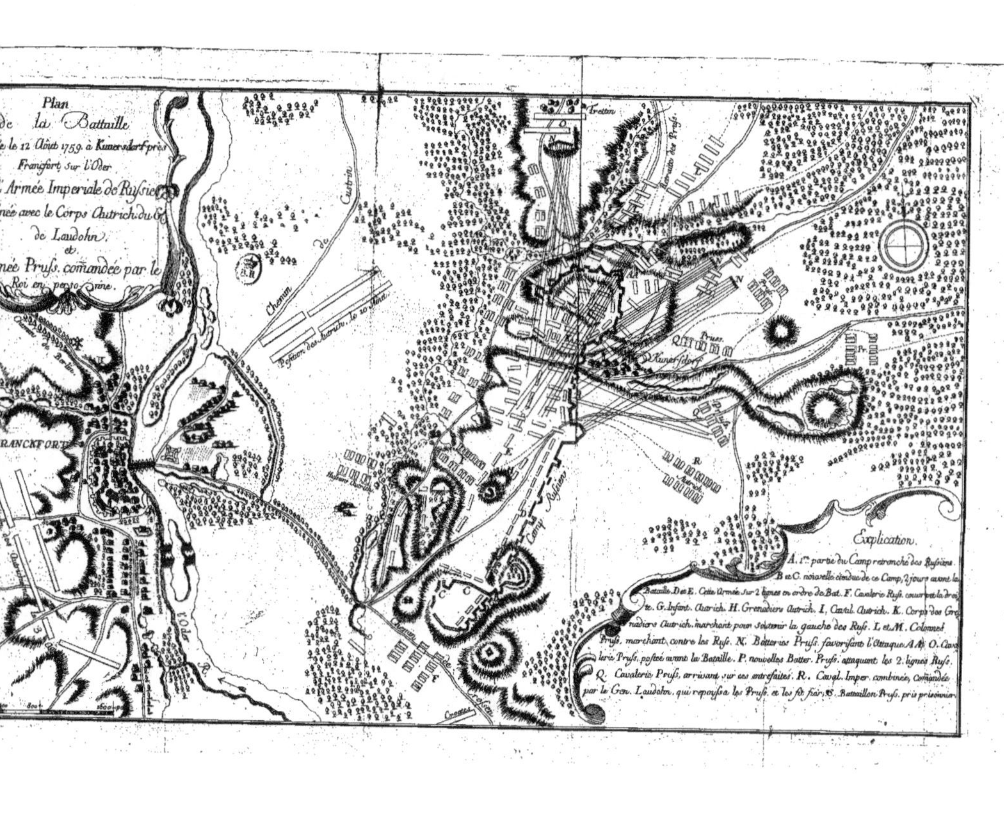

Plan
de la Battaille
le 12 Aoûst 1759. à Kunersdorf près
Francfort sur l'Oder
l'Armée Imperiale de Russie
née avec le Corps Autrich. du G.
de Laudohn.
et.
née Pruss. comandée par le
Roi en personne.
FRANCKFORT
Explication.
A. 1re partie du Camp retranché des Russiens.
B et C. nouvelle étendue de ce Camp, 2 jours avant la
Bataille. D et E. Cette Armée sur 2 lignes en ordre de Bat. F. Cavalerie Russ. couvrant la droite. G. Infant. Autrich. H. Grenadiers Autrich. I, Caval. Autrich. K. Corps des Grenadiers Autrich. marchant pour soutenir la gauche des Russ. L et M. Colonnel
Pruss. marchant contre les Russ. N. Batteries Pruss. favorisant l'Attaque A M. O. Cava-
lerie Pruss. postée avant la Bataille. P. nouvelles Batter. Pruss. attaquant les 2. lignes Russ.
Q. Cavalerie Pruss. arrivant sur ces entrefaites. R. Caval. Imper. combinée, Comandée
par le Gén. Laudohn, qui repoussa les Pruss. et les fit fuir. S. Bataillon Pruss. pris prisonnier.

La Nouvelle de la feconde Bataille gagnée par les Ruſſes ſur le Roi de Pruſſe fût portée à la Cour Impériale par le Comte Joſeph de Kins-ki, Lieutenant-Colonel du Régiment de Löwe-cin Dragons: il fut dépêché le 13. Août à 10. eures du matin dans le tems que les Vainqueurs ouvoient à peine avoir compté à l'œil leurs rophées, les Priſonniers, les morts & les bleſ-és, dont le vaſte champ de Bataille ſe trouvoit ouvert. C'eſt dans cette Action que les Gé-néraux ont donné des preuves éclatantes de leurs alens ſupérieurs & de leurs ſavantes manœu-res, auxquelles la valeur & l'intrépidité des Troupes qui ont combattu, ont parfaitement bien épondu, ainſi qu'on en peut juger par ce pré-cis préliminaire, envoyé à la Cour de Vienne.

„ Ce fut le 11. du préſent mois d'Août, „ que le Roi de Pruſſe paſſa l'Oder entre Le-„ bus & Cuſtrin à la tête d'une Armée de près „ de 60. mille hommes. Mr. le Comte de „ Soltikoff avoit déjà pris pluſieurs jours aupa-„ ravant une poſition avantageuſe près de Franc-„ fort, bien déterminé avec toute ſon Armée „ à y vaincre ou mourir, s'il venoit à y être at-„ taqué: Ses diſpoſitions furent analogues à „ une réſolution auſſi vigoureuſe. On ſçut à „ peine que le Roi de Pruſſe avoit paſſé l'Oder, „ qu'on ſe prépara au combat; & les gros Ba-„ gages furent renvoyés au-delà de cette Ri-„ vière pendant la nuit.

n 5   „ Le

„ Le 12. à 3. heures du matin, le Roi ſe
„ mit en mouvement, & fit d'abord mine de
„ vouloir porter le gros de ſes Forces ſur l'Aile
„ droite des Ruſſiens : A la faveur de ces ma-
„ nœuvres, le Roi chercha à reconnoître leur
„ poſition, & à maſquer une grande Batterie,
„ qu'il fit établir contre leur Aile gauche.   A
„ 11. heures & demie, cette Batterie commen-
„ ça à tirer.   Les Colonnes ennemies débou-
„ chèrent des Valons & des Bois , & réünirent
„ leur attaque contre l'Aile & le flanc gauche de
„ l'Armée Ruſſienne.   Le feu de la Mouſquet-
„ terie commença de toute part; & l'impétuo-
„ ſité des premières attaques fit perdre du ter-
„ rein à l'Armée combinée.

„ Mr. de Soltikoff, avec une préſence d'eſ-
„ prit admirable, rompit la ſeconde Ligne de
„ l'Armée; & la partageant en différentes Li-
„ gnes, les plaça toutes l'une derrière l'autre
„ dans ſon flanc gauche.   Le Roi de Pruſſe re-
„ doublant ſes efforts contre ce flanc , presque
„ toute l'Armée combinée changea ſucceſſive-
„ ment de poſition; & les Lignes de défenſe
„ multipliées, oppoſèrent des efforts ſupérieurs
„ aux Colonnes ennemies.   Le Combat, de
„ défenſif qu'il étoit d'abord du côté de l'Ar-
„ mée combinée, ſe changea en offenſif, &
„ l'Ennemi fut repouſſé: Il fit l'impoſſible pour
„ ſe maintenir dans ſes avantages: Plus de 7.
„ fois il revint à la charge; & l'acharnement alla

„ au

„ au point, que le Canon de part & d'autre ti-
„ roit à 40. pas à cartouche; mais enfin vers
„ les 5. heures, les Pruffiens, extrêmement af-
„ foiblis, & rebutés, commencèrent à plier:
„ L'Armée combinée foutenant & redoublant
„ fes efforts, les chaffa de Pofte en Pofte, &
„ les mit en fuite de toute part vers les 7. heu-
„ res du foir.

„ L'Infanterie Pruffienne n'a pu échapper à
„ la première impétuofité des Vainqueurs, qu'à
„ la faveur de la pouffière épouvantable que fit
„ fa Cavalerie, qui quelque tems après prit éga-
„ lement la fuite à toute bride. Cependant Mr.
„ le Lieutenant-Général de Laudon, ne conful-
„ tant que fon zèle pour la gloire de l'Armée
„ victorieufe, fe mit à leurs trouffes à la tête
„ de quelques Efcadrons; &, malgré leur fuite
„ précipitée, il atteignit, & pouffa dans des
„ Marais plufieurs des derniers Efcadrons Pruf-
„ fiens. D'un autre côté, les Huffars Autri-
„ chiens fous les ordres de Mr. le Général Comte
„ de Bethlem firent mettre bas les armes à un
„ Bataillon entier des Pruffiens.

„ L'Armée victorieufe comptoit déjà au dé-
„ part de Mr. le Comte de Kinski au-delà de
„ 120. Piéces de canon, la plûpart de gros ca-
„ libre, & 20. Drapeaux & Etendarts au nom-
„ bre de fes Trophées. Plus de 15. mille morts
„ & bleffés Pruffiens couvroient le champ de Ba-
„ taille. On n'avoit pas eu le tems de compter
„ les

,, les Prifonniers, & beaucoup moins les Dé-
,, ferteurs.

,, La perte de l'Armée combinée répond
,, fans doute aux efforts qu'a couté cette fan-
,, glante Victoire; & on l'évaluë à peu près en-
,, tre morts & bleffés, tant Ruffiens qu'Autri-
,, chiens, à 9. ou 10. mille Hommes. "

Entre autres particularités, de la Victoire
remportée fur les Pruffiens à Kunnersdorff,
le Lieutenant - Général Baron de Laudon ne
pouvoit affez fe louer des Généraux & Officiers
fous fes ordres : Ils ont fecondé, avec toute
l'ardeur imaginable, l'activité, l'intelligence,
& les foins éclairés, avec lesquels Mr. de Laudon lui - même concourut aux deffeins & manœuvres ordonnées par le Comte de Soltikoff,
Général en Chef. Quant aux Corps particuliers, on raporta ce qui fuit.

,, Les 12. Compagnies de Grenadiers Au-
,, trichiens, formant deux Bataillons fous les
,, ordres de Mr. Normann, Colonel au Régi-
,, ment d'Aremberg, fe font extrêmement di-
,, ftinguées, ayant enlevé 5. Drapeaux à l'Enne-
,, mi, lefquels ont été préfentés à Mr. le Com-
,, te de Soltikoff. Les deux nouveaux Batail-
,, lons de Laudon ont fait honneur au nom
,, qu'ils portent; Ils ont eu 6. Officiers tués, &
,, 14. bleffés. Le premier Capitaine Tomlano-
,, witz ayant été tué, Mr. de Laudon éleva Mr.
,, de Schmidfeld au grade de Major fur le champ
,, de

„ de Bataille. Le Régiment de Bade-Bade a
„ combattu avec une égale valeur: Il a relevé
„ nos Grenadiers dans le plus fort de l'Action,
„ & a eu 32. Officiers tués & blessés. Nos
„ Régimens de Dragons ont fait des prodiges
„ sous les ordres de Mr. le Général Caramel-
„ li. Les Grenadiers à Cheval, conduits par
„ Mr. le Lieutenant-Colonel, Comte de Ca-
„ raffa, ont enlevé 4. Pièces de canon de l'En-
„ nemi, & les Dragons de Löwenstein 2. de
„ 12. livres de bale. Mr. de Voit, leur Colo-
„ nel, revint pendant l'Action, d'une Com-
„ mission, qu'il avoit été éxécuter auprès du
„ Veld-Maréchal Comte de Daun: Il se mit
„ tout de suite à la tête de son Régiment, &
„ fut blessé. Le Major Baron de Plettenberg,
„ & le Lieutenant-Colonel Comte de Kinski
„ se sont particulièrement distingués. Enfin
„ toutes les Troupes Autrichiennes se sont fait
„ gloire d'égaler la fermeté inébranlable des
„ Troupes Impériales de Russie. Le même es-
„ prit animoit les deux Nations; Et les marques
„ d'affection qu'elles se donnèrent, en s'embras-
„ sant aprés la Victoire décidée, sont des té-
„ moignages éclatans de l'estime & de l'amitié,
„ qu'elles se portent réciproquement.

On a vû que pour l'Affaire de Zullichau, toute désavantageuse qu'elle fût pour les
Prussiens, on avoit eu soin de prévenir les esprits en leur faveur, en leur attribuant le gain de
„ la

la Bataille; Dans le même esprit, on ne manqua pas de préparer le Public à recevoir la fâcheufe nouvelle, du deffous qu'éprouvèrent les armes Pruffiennes le 12. Août de la part des Troupes combinées de Ruffie & d'Autriche, en faifant parvenir à Mr. d'Elberveld Agent du Roi de Pruffe à Amfterdam, la nouvelle que le dit 12. le Roi de Pruffe avoit remporté une Victoire com- plette fur l'Armée combinée de Ruffes & d'Autrichiens. Une autre Nouvelle de Berlin du 13. n'en raportoit pas, difoit-on, les particularités, parce que l'exprès qui avoit aporté la nouvelle, avoit quitté l'Armée du Roi le 12. au foir, lorfque les Ennemis. étoient en défordre, & qu'on étoit à leur pourfuitte. Une troifième qui vint avec plus de détail à la Haye, mit pour conclufion, que les Ruffes & leurs Alliés avoient pris la fuite & abandonné une grande partie de leur Artillerie & de leurs Bagages; que le Corps du Général Laudon avoit beaucoup fouffert, la Cavallerie dont il étoit pour la plupart compofé, ayant été totalement difperfée; Et enfin, qu'au départ du Courier de l'Armée, on comptoit déjà plus de 100. Piéces de Canon parmy les Trophées.

Cependant pour parer le foupçon injurieux qu'on pourroit avoir, que par d'auffi fauffes nouvelles, on vouloit en impofer à la vérité, on publia au fujet de Zullichau, un correctif dans un Article de Berlin, où il eft dit ce qui fuit.

„ L'af-

„ L'affaire du Général Wedel eſt plus ſe-
„ rieuſe, qu'on ne l'avoit d'abord ſuppoſé. On
„ croyoit, que le nombre des morts n'excédoit
„ point les quatre mille; Mais on nous aſſûre,
„ qu'il n'y a pas moins de ſix mille Hommes
„ de tués, & que le nombre des bleſſés va à
„ ſept mille, à quoi il faut ajoûter environ 800.
„ Déſerteurs.

„ Ce coup imprévu déconcerte beaucoup
„ le Plan d'Opérations du Roi. Sa Majeſté a-
„ voit écrit au Comte de Podewils, que, ſi
„ Wedel réuſſiſſoit, il ne doutoit preſque
„ point de faire tomber Daun dans le piége,
„ qu'il lui tendroit: Mais cette partie du pro-
„ jet eſt à préſent tout au moins ſuspendue, le
„ Roi s'étant mis en marche le 29. Juillet,
„ pour venir attaquer les Ruſſiens, ou les for-
„ cer à ſe retirer.

„ Nous comptons, que le Prince Henri a
„ déjà joint Wedel avec 14000. Hommes;
„ Ainſi, nous attendons avec la derniere impa-
„ tience la Nouvelle d'une ſeconde Bataille. Si
„ le Roi eſt heureux dans cette entrepriſe, les
„ choſes ſe retrouveront bien-tôt ſur l'ancien
„ pié; Mais s'il échouë, tout eſt perdu. "

Quelque tems après la Bataille de Kunnersdorff du 12. Août, on s'apperçut que la perte des
Pruſſiens avoit été plus grande que l'on ne l'a-
voit cru d'abord, puiſque dès le 14. on avoit déjà 196. piéces de leur Canon, plus de 30.

dra-

drapeaux & Etendarts, quantité de Munitions de guerre, de Fuſils, de Tambours & autres Trophées : Outre environ 5000. Priſonniers.

La Relation circonſtanciée de la Bataille de Kunnersdorff envoyée par le Comte de Soltikoff à Petersbourg porte ce qui ſuit.

No. XIV.

MEMOIRES
POLITIQUES & MILITAIRES
POUR SERVIR à
L'HISTOIRE
DE NOTRE TEMS.

No. XIV.

OPÉRATIONS DES ARMÉES IMPÉRIALES & DE LEURS HAUTS ALLIE'S, EN 1759.

Relation, de la Bataille de Kunnersdórff, envoyée par le Comte de Soltikoff à Petersbourg.

   „ Le 1. Août (V. St.) l'Ennemi se mit en mou-
„ vement vers lés 2. heures du matin,
„ marchant sur notre droite, & faisant mine de
„ vouloir nous attaquer de toutes parts. Les
„ Ennemis n'avoient cependant pour but, que
„ de choisir un terrein, d'où ils pussent com-
„ mencer avec d'autant plus d'avantage leur at-
„ taque, ou pour mieux dire, leur dessein étoit
„ de nous empêcher d'observer l'endroit, par
„ où ils vouloient nous attaquer.

   „ A 9. heures du matin, on remarqua qu'ils
„ établissoient 2. Batteries sur une Montagne

o

vers

,, vers le flanc droit de notre gauche; & que,
,, foûs la protection de ces Batteries, ils fai-
,, foient avancer vers ce flanc quelque Cavale-
,, rie & quelque Infanterie.

,, Sur les 10. heures, les Ennemis étendi-
,, rent encore davantage leur gauche vers notre
,, droïte; & l'on vit clairement par toutes leurs
,, difpofitions, qu'ils avoient envie de diriger
,, en même tems leur attaque fur notre droite &
,, fur notre gauche, leurs Batteries vers notre
,, droite étant auffi perfectionnées. -

,, Pour former cependant leur attaque de ce
,, dernier côté, ils avoient à paffer un Marais,
,, fur lequel il y avoit un grand Pont; & j'or-
,, donnai fur cela au Général-Major Comte de
,, Tottleben de le brûler. J'attirois par-là fur
,, ma gauche toutes les Forces des Ennemis;
,, mais, en revanche, je me procurois l'avan-
,, tage de pouvoir d'autant mieux faire les dif-
,, pofitions de défenfe rélatives à leurs entreprifes.

,, Les Ennemis ne laifsèrent en effet que
,, quelque Cavalerie & quelque Infanterie vis-
,, à-vis de notre droite; & tournant toutes leurs
,, Forces fur notre gauche, ils marchèrent droit
,, à fon flanc vers les 11. heures & demie à la
,, faveur d'un feu terrible de leur groffe Artille-
,, rie, pendant que leur Infanterie & leur Ca-
,, valerie, poftées dans le Valon, s'avançoient
,, fous notre canon.

,, Le

„ Le feu de la Mousquetterie commença un
„ peu après midi ; les Ennemis formèrent leurs
„ Colonnes , & les menèrent droit fur notre
„ flanc, en avant duquel le Régiment des Gre-
„ nadiers du nouveau Corps étoit pofté en
„ Equerre.

„ Ce Régiment foutint avec une fermeté
„ étonnante les efforts des Ennemis ; mais il
„ fut enfin obligé de céder à toutes les forces,
„ qu'ils dirigèrent contre lui feul : les Pruffiens
„ perdirent neanmoins bien du monde ; mais
„ ils n'en parurent que plus animés à fe faifir de
„ ce Pofte, ce qui découvrit le flanc des deux
„ Lignes, & les expofa beaucoup. Cependant
„ le Lieutenant-Général Prince Galiczin prit le
„ cinquième Régiment des Moufquetaires de la
„ première Ligne & le troifième de la feconde ;
„ il leur fit faire une évolution, & il fe forma
„ en une feule Ligne. Pour les foutenir, il
„ fit auffi faire la même manœuvre au premier,
„ & au quatrième Régiment du nouveau Corps,
„ de forte que le front de l'Armée fut formé
„ du flanc gauche.

„ Comme néanmoins le Régiment des Gre-
„ nadiers, en abandonnant fa pofition, avoit
„ donné lieu aux Ennemis de gagner nos Hau-
„ teurs, de s'y renforcer, & d'étendre en avant
„ leur front, qui étoit très-garni, les Régi-
„ mens, qui formoient le nôtre, fe virent en-
„ fin hors d'état de foutenir leurs Lignes ; &

　　„ l'Enne-

„ l'Ennemi s'étant emparé de deux de nos Bat-
„ teries, toute l'Armée Prussienne se rangea en
„ une seule Colonne, dont le front occupoit
„ toute l'étendue de nos Lignes postées sur les
„ Hauteurs. Cette Colonne avoit tant de pro-
„ fondeur, qu'on ne pouvoit en appercevoir la
„ fin. Malgré la perte, que les Ennemis
„ avoient déjà faite, il étoit cependant aisé de
„ voir que leur dessein étoit de percer jusques
„ à notre droite, & même s'il étoit possible
„ jusqu'à l'Oder en front égal à celui de notre
„ nouveau front; &, dans cette intention ils
„ y firent mener une bonne partie de leur Ar-
„ tillerie.

„ Nous fumes obligés d'opposer toutes nos
„ Forces à des Forces aussi grandes; j'ordon-
„ nai donc au Général Panin de soutenir par
„ de nouvelles Troupes les Régimens, qui
„ chanceloient; ce qu'il exécuta avec autant de
„ zèle que d'intelligence; &, comme le ter-
„ rein étroit ne permettoit pas de mettre en ligne
„ plus de 2. Régimens, il y fit d'abord mar-
„ cher le Brigadier Comte de Bruce avec le se-
„ cond Régiment de Grenadiers tiré de la deu-
„ xième ligne de la seconde Division. Le Comte
„ Campitelli, Lieutenant-Général au service de
„ l'Impératrice Reine, y conduisit ensuite les
„ Compagnies de Grenadiers des Régimens
„ Allemands. Le Général Panin forma der-
„ rière notre Régiment de Grenadiers & ces
„ Trou-

„ Troupes une nouvelle Ligne, compofée des
„ Régimens de Befoler & de Nifchegorod,
„ derrière lesquels ceux. de St. Petersbourg &
„ de Novogorod en formèrent encore une autre.

„ Les Régimens de Laudon & de Bade-Ba-
„ de s'avancèrent auffi pour foutenir leurs Gre-
„ nadiers.

„ Ce fut de cette manière qu'on arrêta les
„ Ennemis, & que le Combat devint égal:
„ Ils firent néanmoins les plus grands efforts;
„ leur Cavallerie avança même; &, quoique,
„ par le désavantage du terrein, elle fouffrît
„ bien plus qu'elle ne fut utile, l'Ennemi vou-
„ lut rifquer encore cette tentative: il fe flattoit
„ de regagner l'avantage par cette manœuvre;
„ mais le Lieutenant Général Comte de Ru-
„ manzow marcha avec notre Cavalerie, tan-
„ dis que le Lieutenant-Général Baron de Lau-
„ don marcha avec celle d'Autriche; & bien-
„ tôt ces Généraux culbutèrent, & mirent en
„ déroute celle des Pruffiens. Le Lieutenant-
„ Géneral Prince Lubomirski fit en même tems
„ faire un mouvement aux Régimens de Ples-
„ kow, d'Apfchéron, & de Wologda: je
„ donnai ordre au Général Prince Wolkonski
„ de tirer de la première Divifion le premier Ré-
„ giment de Grenadiers & celui d'Afow, &
„ par-là l'Infanterie ennemie fut auffi mife en
„ défordre.

„ Pour

„ Pour la réparer, les Ennemis formèrent
„ une Colonne particulière tirée des derniers
„ rangs de leur profonde Colonne, & cherchè-
„ rent à la porter derrière notre seconde Ligne,
„ pour la mettre par ce moyen entre deux feux,
„ & arrêter le secours qui nous venoit de no-
„ tre droite. Le Général-Major Berg & le Bri-
„ gadier von der Felden empêcherent l'exécution
„ de ce dessein; & le Régiment de Siberie, ain-
„ si qu'un Bataillon de Nischegorod, qu'ils
„ ôtèrent de la seconde Ligne de la première
„ Division, mirent en fuite cette nouvelle Co-
„ lonne, & la dispersèrent presque entièrement
„ à l'aide de leurs Piéces de campagne, de cel-
„ les nommées Einhorner, & des Obusiers de
„ Schuwalow, qu'on avoit distribués aux Ré-
„ gimens pendant la Bataille.

„ Le Roi de Prusse fit alors tout son possi-
„ ble, pour faire du moins sa retraite en bon
„ ordre: Il ordonna à cet effet au Lieutenant-Co-
„ lonel Bederbe de faire charger par deux Esca-
„ drons de Cuirassiers aux Gardes les Régimens
„ de Moskow & de Narwa; Mais les Ennemis
„ étoient si accablés de fatigue, que les seuls
„ Cosaques de Tschugujew suffirent, pour écra-
„ ser ces deux Escadrons, qui perdirent leurs
„ Etendarts, & dont le Lieutenant-Colonel,
„ qui les commandoit, fut fait Prisonnier.

„ Toute l'Armée Prussienne prit là-dessus
„ bien-tôt la fuite: Elle fut poursuivie par le
„ Lieu-

„ Lieutenant - Général Baron de Laudon à la
„ tête de sa Cavalerie & de la nôtre; Et le Bri-
„ gadier Stojanow & le Général - Major Comte
„ de Tottleben la suivirent également, le pre-
„ mier par la gauche avec son Régiment, &
„ l'autre par la droite avec le reste des Troupes
„ légères.

„ C'est ainsi que finit cette sanglante Batail-
„ le, sur le succès de laquelle les Ennemis avoient
„ fondé leur espoir : Elle avoit commencé à
„ 11. heures & demie, & elle a duré pendant
„ 7. heures.

„ Pendant qu'on étoit aux mains, un Dé-
„ tachement Prussien, composé de quelques
„ Bataillons & de quelques Escadrons, & qui
„ avoit été laissé en arrière, pour couvrir le
„ Pont, pénétra jusqu'à Francforts dans la fer-
„ me croyance que la Victoire se déclaroit pour
„ le Roi de Prusse : Il entra dans cette Ville;
„ Et malgré les représentations du Magistrat, il
„ y fit Prisonniers, un Major, cinq autres Of-
„ ficiers, & 260. Soldats, qui, à la réquisition
„ de la Ville, y étoient restés pour sa sûreté.
„ Ce Détachement pilla aussi quelques Officiers
„ blessés, qu'on avoit transportés à Francfort,
„ ainsi qu'une partie du Bagage des Autrichiens,
„ & sortit ensuite de la Ville. Cependant Mr.
„ de Finck, Lieutenant-Général Prussien, man-
„ de au Brigadier Comte de Bruce, faisant les

O 4

„ fonc-

„ fonctions de Général-Major de jour, que
„ toutes ces Troupes doivent être relâchées.

„ J'ose assurer Votre Majesté Impériale,
„ que, quand même il se seroit donné peut-
„ être une Bataille plus glorieuse & plus com-
„ plette, il n'y en auroit du moins jamais eu,
„ où l'intelligence des Généraux & des Officiers,
„ & la valeur, l'intrépidité & la discipline du
„ Soldat eussent mérité plus d'éloges. Tous se
„ sont rendus dignes de passer comme exemple
„ à la postérité. L'envie d'ailleurs & la des-
„ union, qui ne régnent que trop souvent dans
„ des Armées composées de différentes Nations,
„ n'ont rien moins que paru parmi nous; Et le
„ Corps des Troupes Imp. & Royales n'a sem-
„ blé s'être joint à l'Armée de V. M. Impériale,
„ qu'afin que les Troupes des deux Nations pus-
„ sent se donner des témoignages réciproques
„ de leur valeur, & apprendre au monde que
„ l'union & la bonne harmonie peuvent subsi-
„ ster entre des Troupes alliées.

„ Notre Artillerie a conservé la réputation,
„ qu'elle s'est acquise à si juste titre dans toutes
„ les occasions.

„ Le Général-Major de Tottleben, détaché
„ à la poursuite des fuyards, a fait passer à ses
„ Cosaques un Marais, qui se trouvoit dans un
„ Bois, pour couper par cette manœuvre la Ca-
„ valerie ennemie d'avec son Infanterie : Il a
„ fait ensuite toutes les dispositions pour faire

„ atta-

„ attaqué par les Huffars & par 2. Efcadrons
„ de Cuiraffiers du Régiment de S. A. Impéria-
„ le, lequel s'eft conftamment diftingué pen-
„ dant toute cette mémorable Journée. La Ca-
„ valerie ennemie apperçût à peine fes Cofaques,
„ qu'elle commença à vouloir fe retirer ; Mais
„ cela lui étoit devenu impoffible. Elle fut at-
„ taquée en même tems par les Cofaques & les
„ Huffars & culbutée fur le champ avec perte
„ de plufieurs tués & bleffés par le feu de la
„ Moufquetterie : on lui fit auffi beaucoup de
„ Prifonniers, & 20. Cofaques & 15. Huffars
„ pouffèrent entre autres dans un Marais un Ef-
„ cadron, qui étoit féparé des autres, lui pri-
„ rent fon Etendart, & l'obligèrent à mettre
„ bas les armes.

„ Le Général Laudon n'a pas rendu moins
„ bon compte des Ennemis. Il les a pourfui-
„ vis l'efpace de 2. milles, ou d'environ 15.
„ Werftes ; & il n'a été arrêté dans fa pourfui-
„ te que par la nuit.

„ On leur a pris durant leur fuite 10. Pie-
„ ces de canon avec leurs affuts & attirails ; 346.
„ Soldats, 3. Capitaines, 4. Lieutenants, 1.
„ Cornette, & il y en a eu bien plus de tués
„ & de difperfés.

„ Nos Cofaques & nos Huffars ont de plus
„ fait prifonniers dans 2. Villages 2. Officiers
„ & 236. Soldats, tous bleffés à l'exception
„ de 36.

O 5

„ Le

,, Le Général Tottleben m'a raporté, que
,, le Brigadier Kransnotschokow; Mrs. Popow,
,, Dahlskin & Lukowkin, Colonels de Cosa-
,, ques; & Mrs. Soritsch & Knas Amilochorow,
,, Colonels de Huſſars, ont marqué la plus
,, grande diſtinction.

,, Quant à la perte que nous avons faite,
,, elle eſt moins conſidérable que je ne l'ai cru
,, d'abord. Nous n'avons aucun Officier Gé-
,, néral tué, & nous n'avons de bleſſés que les
,, Lieutenans-Généraux Prince Galiczin, Olitz,
,, & Prince Lubomirski; Leurs bleſſures même
,, ne ſont pas dangereuſes: Il eſt cependant à
,, déſirer, que d'auſſi braves Officiers ſoient
,, bien-tôt en état de ſervir.

,, Les Brigadiers Eſſen, Löbel, & Bachmann,
,, ſont auſſi légèrement bleſſés; Et il n'y a de
,, tué de l'Etat-Major, que Mr. Budberg, Co-
,, lonel du cinquième Régiment des Mouſque-
,, taires.

,, Nous avons d'ailleurs eu en Officiers 1.
,, Colonel, 10. Capitaines, 17. Lieutenans,
,, 27. Lieutenans en ſecond, & 12. Enſeignes
,, tués en tout 67. Officiers de tués.

,, Quatre Colonels, 12. Lieutenans-Colo-
,, nels, 14. Majors, 41. Capitaines, 66. Lieu-
,, tenans, 84. Lieutenans en ſecond, 8. Adju-
,, dans, & 30. Enſeignes dangereuſement bleſ-
,, ſés en tout 259.

Cinq

„ Cinq Colonels, 6. Lieutenans-Colonels,
„ 6. Majors, 45. Capitaines, 47. Lieutenans,
„ 72. Lieutenans en second, 6. Adjudans, &
„ 28. Enseignes, qui le sont légèrement en
„ tout 215.

„ Et 2. Capitaines, 4. Lieutenans en se-
„ cond, 2. Enseignes, & un Chirurgien, man-
„ quans en tout 13. d'égarés.

„ Ainsi il y a eut 554. Officiers tués blef-
„ sés ou égarés.

„ Au reste, nous ne comptons en tout,
„ depuis l'Officier jusqu'au Soldat, que 2614.
„ morts. Le nombre de nos blessés est grand;
„ il monte à 10863. Hommes; mais plusieurs
„ de ce nombre le sont si légèrement, qu'ils
„ ont déjà recommencé à servir, & quantité
„ d'autres seront également rétablis dans peu.

„ Le Corps du Lieutenant-Général Baron
„ de Laudon a 893. Hommes tués ou man-
„ quans, & 2398. blessés. Ce Corps a pris
„ aux Ennemis 6. Pièces de canon, 5. Drapeaux,
„ & 252. Prisonniers, parmi lesquels 4. Offi-
„ ciers; Et il a aussi recueilli 345. Déserteurs.

„ Voici au surplus la Liste des Trophées
„ & autres choses, dont on s'est emparé. Vingt-
„ six Drapeaux, 2. Etendarts, 172. Canons,
„ indépendamment de ceux qui ont été pris
„ par les Troupes Autrichiennes; Sçavoir 85.
„ Pièces de 12. livres de balle, 15. de six,
„ 57. de trois, & 29. Obusiers de vingt; 120.
„ Cais-

» Caiſſons à poudre, 3584. Cartouches à Bou-
» lets de 12. livres, 1205. Charges de 12.
» livres à tirer à cartouche, 1246. Boulets,
» 58. Grenades, 106. Charges à poudre, 539.
» Cartouches à Boulets de 6. livres, 180. Char-
» ges de 6. livres à tirer à cartouche, 2953.
» Cartouches à Boulets de 3. livres. 666. Char-
» ges de 3. livres à tirer à cartouche, 506.
» Bombes chargées pour les Obuſiers de 20.
» livres, 176. Charges à tirer à cartouche pour
» les mêmes, 135. Hallebardes, 157. Tam-
» bours de cuivre, 495. Cuiraſſes, 20255.
» Fuſils briſés & autres, 875. Fournimens,
» 930. autres plus petits, 1260. Sabres, 2980.
» Bonnets de Grenadiers. 93000. Cartouches
» à Mouſquet.

» On a enterré ſur le champ de Bataille
» 7627. Hommes des Ennemis; Et on leur a
» fait 4542. Priſonniers, parmi leſquels 2.
» Lieutenans-Colonels, 1. Major, 8. Capitai-
» nes d'Infanterie, 1. de Cavalerie, 7. Lieute-
» nans, 10. Sous-Lieutenans, 15. Enſeignes
» ou Cornettes, & 121. Bas-Officiers. Nous
» avons de plus recueilli 2035. Déſerteurs; Et
» ce nombre n'eſt encore rien en comparaiſon
» de ce qui s'eſt ſauvé par la Pologne, & par
» d'autres endroits voiſins. "

Par l'Examen qui s'eſt fait de la perte de
l'Armée de Ruſſie & du Corps du Général de
Laudon, il s'eſt trouvé qu'elle étoit de beau-

coup

coup moindre qu'on ne l'avoit d'abord publié de part & d'autre, voici la Spécification.

Grenadiers.

Le Régiment de los Rios 4. tués, 68. blefsés, 11. égarés, en tout 83. Hommes. Le Régiment de Waldeck 11. tués, 48. blessés, 34. égarés; en tout 93. Hommes. Le Régiment de Bade-Bade 5. tués, 67. blessés, 14. égarés; en tout 86. Hommes. Le Régiment da Palfi 35. tués, 67. blessés, 34. égarés; en tout 136. Hommes. Le Régiment d'Ahremberg 32. tués, 32. blessés, 28. égarés, en tout 92. Hommes. Le Régiment de Bethlem 32. tués, 70. blessés, 31. égarés, en tout 133. Hommes. Le Régiment de Laudon 119. tués, 319. blessés, 58. égarés; en tout 496. Hommes. Le Régiment de Peterwaradin 26. tués, 42. blessés, 26. égarés, en tout 94. Hommes.

Ainsi, la perte des Grenadiers est de 1213. savoir 264. tués, 713. blessés, & 236. égarés.

Fuseliers.

Le Régiment de los Rios 1. tué, égaré; en tout 2. Hommes. Le Régiment de Bade-Bade 70. tués, 328. blessés, 67. égarés; en tout 465. Hommes. Le Régiment d'Ahremberg 1. égaré. Le Régiment de Bethlem 8. tués, 17. blessés, 1. égaré; en tout 26. Hommes.

De

De sorte que la perte des Fuseliers, consiste en 494. Hommes; savoir 79. tués, 345. blessés, & 70. égarés.

Croates.

Les Licaniens 2. tués, 8. blessés; en tout 10. Hommes. Les Oguliniens 1. tué, 2. blessés; en tout 3. Hommes. Les Warasdins 1. tué, 4. blessés; en tout 5. Hommes. Le total des Croates est de 18. dont 4. tués, & 14. blessés.

Hussars.

Le Régiment de Nadasti 5. blessés. Le Régiment de Kalnocki 1. tué, 5. blessés, 2. égarés, en tout 8. Hommes. La perte des Hussars est donc de 13. Hommes; savoir 1. tué, 10. blessés, & 2. égarés.

Dragons.

Grenadiers à Cheval 26. tués, 18. blessés, 30. égarés; 73. en tout. Le Régiment de Lowanstein 25. tués, 78. blessés, 59. égarés; 162. en tout. Le Régiment de Lichtenstein 5. tués, 56. blessés, 21. égarés; 82. en tout. Le Régiment de Wartemberg 6. tués, 30. blessés, 13. égarés; 49. en tout. Le Régiment de Kollowrath 7. tués, 53. blessés, 16. égarés; 76. en tout. Ainsi la perte de Dragons est de 442. sçavoir 68. tués, 235. blessés, & 139. égarés. Celle de l'Artillerie est de 35. Hommes, dont 9. tués, & 26. blessés.

Offi-

Officiers.

Du Régiment de los Rios 2. tués, 3. bleffés, & un manquant : Sçavoir le Capitaine B. de
Spangen blefté ; le Capitaine en second Reinard
manquant ; les Lieutenans Colin tué, & Buriz
blefté ; les Sous-Lieutenans de Torres tué, &
B. de Rodan blefté.

Du Régiment de Waldeck 3. tués & 4.
blefés : Savoir le Capitaine Vere blefté ; les
Lieutenans Held tué, Pradi & Rubeck blefés :
les Sous-Lieutenans Soder tué, Woikfcheck
blefté, & Carl tué.

Du Régiment de Bade-Bade 30. blefés :
Sçavoir le Colonel Comte de Harrach ; le Lieu-
tenant-Colonel B. Strafer ; les Majors Amedéi,
& Rolcke ; les Capitaines Knopper, Aversperg,
Schedler, Sziznaz, Attems, Klugel, Taxis, &
Worzing ; les Lieutenans Baldok, Oprieu, Pill-
ner, Roll, Singer, & Eberle ; les Sous-Lieu-
tenans Gerftenmayr, Rott, Thurn, Durant,
& Croner ; les Enfeignes Eich Grinzinuer,
Juliant, Villiard, Fitfcherall, Muller, & de
Roth.

Du Régiment d'Aremberg 4. blefés, & un
égaré : Sçavoir le Colonel B. de Normann, le
Capitaine de Binder, les Lieutenans Carmarin,
& Kramer, blefés ; & le Sous-Lieutenant B.
de Landan égaré.

Du Régiment de Palfi 2. blefés : Sçavoir le
Lieutenant Mayer, & le Sous-Lieutenant Vihazi.

Du

Du Régiment de Bethlem 5. blessés: Savoir les Capitaines Wollsperg, & Comte de Bethlem; les Lieutenans Comte Beltrani, & Mohcy; & le Sous-Lieutenant Plofki.

Du Régiment de Laudon 6. tués & 24. blessés: Sçavoir le Major d'Alton, blessé; les Capitaines Tomlanovith tué, Schmadfeld, Chambaud, Brady, Uder, Pinto, Sprecher, Benaglia, blessés; les Lieutenans Vuhaſſovick, & Bihain tués, Oberhinterogger, Ziska, Keſſeler, Richard, Praat, O Harpy, & Waldegg, blessés; les Sous-Lieutenans Pinther, Fuhrman, & Schoter, tués; Rohr, Selis, Ditricht, Ivenovich, Kletzel, Seckel, Zamantoni, Freyersberg, & Hirſchmann, blessés.

Du Corps des Peterwaradins 2. blessés: Savoir les Capitaines Iſacovich & Nicolich.

Du Régiment de Lowenſtein 1. tué, 7. blessés, & 4. égarés: Sçavoir le Colonel de Voit, le Major B. de Plettenberg, & le Capitaine Peterneck, blessés; le Capitaine Aldegonte égaré; le Lieutenant de Veld blessé; les Sous-Lieutenans Scotti tué, Dahl, Grunnagl, & Harthman, blessés, Rothern, Fiſchagen, & Sauierschy, égarés.

Du Régiment de Lichtenſtein 1. tué, 4. blessés, & 2. égarés: Sçavoir le Lieutenant-Colonel Pfeiffer, & le Capitaine Weidlich égarés; les Lieutenans Sanxis, Malaviz, Lariche, & Roc de Tamlin, blessés: Sous-Chirurgien tué.

No. XV.